*Extrait des Mémoires de la Société nationale d'Agriculture
Sciences et Arts d'Angers*

RECHERCHES

HISTORIQUES ET STATISTIQUES

SUR LA

COMMUNE DE LUÉ

(MAINE - ET - LOIRE)

PAR

R. DE LA PERRAUDIÈRE

DEUXIÈME PARTIE

ANGERS

GERMAIN ET G. GRASSIN, IMPRIMEURS - LIBRAIRES

40, rue du Cornet et rue Saint-Laud

—

1904

Extrait des Mémoires de la Société nationale d'Agriculture
Sciences et Arts d'Angers

RECHERCHES

HISTORIQUES ET STATISTIQUES

SUR LA

COMMUNE DE LUÉ

(MAINE - ET - LOIRE)

PAR

R. DE LA PERRAUDIÈRE

DEUXIÈME PARTIE

ANGERS

GERMAIN ET G. GRASSIN, IMPRIMEURS-LIBRAIRES

40, rue du Cornet et rue Saint-Laud

1904

RECHERCHES

HISTORIQUES ET STATISTIQUES

SUR

LA COMMUNE DE LUÉ

(MAINE-ET-LOIRE)

DEUXIÈME PARTIE

La première partie de ces notes ayant paru dans les *Mémoires de la Société nationale d'Agriculture, Sciences et Arts d'Angers* (année 1901, page 149), il s'y est glissé, outre certaines incorrections d'imprimerie, quelques erreurs ou inexactitudes qu'il est peut-être utile de signaler avant de commencer cette deuxième partie qui se rapportera plutôt à la vie actuelle de Lué, tandis que la première concernait Lué dans les temps anciens.

Quelques notes relatives à cette époque sont aussi parvenues à ma connaissance et trouveront ici leur place.

— Le passage des Vendéens est du 6 décembre 1793 et non du 12 décembre 1795.

— Le maire, Jacques Lizeau, est le même que Luzeau qui fut contraint à scier l'arbre de la Liberté.

— Le siège d'Angers est du 4 décembre 1793.

— La personne qui écrivit la relation de l'incendie de Jarzé (le 9 décembre 1793, chez le citoyen Joubert, au Cheval blanc, à Angers) est la femme Bonichon.

— La mort d'Édouard de la Perraudière, tué en Espagne en 1808, d'après les mémoires du colonel Perdreau, devrait être reportée en mai 1809, d'après ses états de service relevés au Ministère de la Guerre; il avait reçu deux blessures à Iéna.

— Aux noms des soldats morts en 1870-71, ajouter : Michel Maurier, soldat au 70e de marche.

— A la note sur la Tuffière et ses propriétaires successifs, on a écrit *de Brullond* pour de Brullon.

— D'après le catalogue des Archives de Maine-et-Loire (article d'Aubert ou Daubert), il y a une alliance Daubert-Moreau ; il y est question de N. H. Thibault Moreau, seigneur du Boisguinot en 1525; je ne sais si c'est un parent des Moreau de Lué?

— La date de la construction de la nouvelle Tuffière est 1857-58 et non 1867-68.

— D'après un Terrier de Milon, communiqué par M. de Crochard, on trouve :

27 septembre 1437. Guillaume du Plessis, seigneur de Souvigné.

18 juillet 1527. René du Plessis, seigneur de Souvigné.

1589. M. Jehan Goussault, seigneur de Souvigné « *au lieu de feu René du Plessis* ».

1655. Jean de la Louairie, écuyer seigneur du Grand et Petit-Souvigné. (Terrier de Milon.)

— La Gravelle est la maison dans le bourg qui, après avoir été auberge, appartient en ce moment à M. Édain, adjoint. — Elle appartenait, en 1767, à Jacques Quentin, sans doute descendant de Pierre Quentin, inhumé en 1683 dans l'église de Lué et, d'après C. Port, à la famille de Berthelot, au xviie siècle.

— Le bois de Montagu est actuellement connu sous le nom de Bois du Tertre.

— 1454. Pierre Moreau et Aliette Olive sa femme,

seigneur et dame de la Perraudière, louent la terre de la Tallebotière. (Terrier de Milon.)

— On doit lire : Maurepars et non Maurepas, à l'acte de vente de la Perraudière de 1572.

— A la fondation de la chapelle de la Perraudière, après *inspecto*... il faut lire : *titulo*.

Ibid : dispositem, pour dispositionem et non *dispositam*.

— Dans la liste des personnes ensépulturées dans l'église de Lué, lire : Guillaume Testu, seigneur de Ménouville (au bailliage de Senlis), au lieu de : seigneur *de Ménonille*.

— Le nom du chanoine cité dans l'enquête sur la fondation de la chapelle Saint-Antoine est Jacques Éveillon et non *Jacques Éveillard*.

Note sur la croix orée du cimetière de Lué. — On voit, au milieu du cimetière de Lué, une croix de pierre, datant du XIVe siècle et qui a été décrite par C. Port dans son *Dictionnaire de Maine-et-Loire*. Les armoiries « *de... chargé de trois quintefeuilles 2 et 1 avec un croissant en abîme* » sont restées jusqu'ici inexpliquées. On ne sait à quelle famille il faut les attribuer et, quoique C. Port ait, dans une lettre particulière, émis l'opinion que ce pouvait être — *mais sans aucune affirmation* — le blason d'une famille de la Selle, comme on ne voit figurer ce nom sur aucun titre ayant rapport à Lué, il n'y a nulle probabilité que cette explication soit valable.

Dans l'*Armorial de l'Anjou*, on peut trouver un certain nombre de familles ayant un écusson assez analogue, mais aucun n'est entièrement semblable et la solution cherchée semble devoir échapper aux investigations.

Il est vrai que dans plusieurs de ces écussons, il y a une certaine analogie de pièces et de disposition qui peut, au premier abord, faire illusion. Mais en y regardant de plus près, on voit par exemple qu'au lieu de *quintefeuilles* se trouvent des *roses*, et il est, sans contestation possible, très certain que les écussons de la croix de Lué sont chargés de quintefeuilles parfaitement distinctes et non de roses.

Il est naturel de rechercher quelles sont les familles ayant possédé la Seigneurie de Lué à l'époque indiquée par le style de la Croix et on trouve dans C. Port (*loc. cit.*) la note suivante :

« Le fief avait pour seigneur Vincent de Mozé en 1389, Jehan du Plessis-Barbe en 1409. » Suivant sa fâcheuse habitude, l'auteur n'indique pas où il a puisé ces renseignements. Or, si nous consultons l'*Armorial* de Denais, nous constatons que les trois quintefeuilles se trouvent dans les armoiries de ces deux familles.

« Le Gay de Sorges... de la Millonière, de la Maillardière, *de Mozé*, etc. : d'argent à *trois quintefeuilles* de sable. »

« De la Ville-Blanche *du Plessis-Barbe* : de gueules au chevron d'argent, chargé d'un autre chevron d'azur, accompagné de *trois quintefeuilles* d'or. »

Ces familles étaient-elles alliées? Comment se sont-elles succédées dans la seigneurie du fief de Lué?

Si quelques personnes possèdent des solutions à ces questions, elles pourraient, en les produisant, jeter une vive lumière sur ce petit problème d'histoire locale.

Il n'en est pas moins vrai qu'il est assez curieux de constater que toutes deux, comme la croix de Lué, avaient les trois quintefeuilles dans leurs armoiries et, si l'on admet l'introduction du croissant en abîme comme une brisure possible d'une branche de la famille Le Gay de Mozé, ce qui semble plus vraisemblable que la suppression des chevrons et leur remplacement par le croissant dans l'écu du Plessis-Barbe, et surtout à cause de la date de la croix, on est tenté de conclure que la croix orée du cimetière de Lué, qui est du xive, porterait les armes de la famille des seigneurs du lieu, qui sont précisément à cette époque les [Le Gay] de Mozé.

Note sur la clé de Saint-Hubert et ses vertus contre la rage. — Cette dévotion est fort connue en Belgique, surtout dans les environs de Liège, et ce fut, sans nul doute, par les de Tourneton, qui venaient de cette contrée, que la clé de Saint-Hubert fut apportée à la Tuffière, vers 1730. Voici en quoi consiste cette clé et la manière de s'en servir. C'est un morceau de fer qu'on fait chauffer et qu'on applique ensuite derrière l'oreille du patient, auquel on fait manger en outre une omelette contenant des coquilles d'huîtres calcinées et pilées.

Il n'est pas à ma connaissance que ce traitement fût accompagné de prières ou d'invocations quelconques, du moins dans la façon dont on en usait à la Tuffière, où les gens qui se croyaient ou se disaient mordus par des chiens enragés venaient de temps à autre, et même d'assez loin, réclamer l'application de la clé de Saint-Hubert, qui ne se refusait point et se faisait toujours gratuitement. On ne dit pas si la statistique des guérisons ainsi obtenues était supérieure ou inférieure à celles de l'Institut Pasteur, mais il paraîtrait que le nombre des chiens soupçonnés de rage était toujours grand aux alentours de la Tuffière.

Moreau (ou Morel), de la Perraudière, de la Roche, de la Maillardière, de la Morinière? du Boisguinot? [de gueules au chevron d'argent accompagné de trois annelets de même 2 et 1].

1418, Jean M. — N...., achète de Jean Pivot, pour son fils Jean « escholier étudiant en l'Université d'Angers », La Pinochère, à Lué, vente suivie de retrait, car la Pinochère, dont les de Torcé sont seigneurs en 1392, est *donnée* en 1419 à Olivier de Torcé par Jean Paviot (ou Pivot.) — (A. P.).

Pierre M. — Aliette Olive

1454, acquêt; 1460-1472, aveux à Jarzé par la Perraudière « la tierce part par indivis ». Les deux autres tiers sont en 1468 mouvants du fief de Souvigné (aveu par René du Plessis à Jean Bouré). — (Chartriers de Jarzé, La Perraudière et Milon.)

1492-93, aveux id. — Jean (aliàs François). M. — N...

1519, aveu id. — Jean M. († avant 1519). — Marguerite du Mortier.

Gilles M. Sr de la Roche. — N...

Noble écuyer René M. — Rose de Pontlevoy [ou des Pallix ? (a)]. Sr de la Perraudière et de la Roche, Lieutenant pour le Roi au château de Saint-Malo, en Bretagne, est en 1572 à la Perraudière « au logis seigneurial ». 1550-52, aveux ibid. pro eodem.

Marguerite M. — Antoine de Clérambault. Sr de Maurepas 1550. — Lui et Claude de la Grézille, mari de Joachine Le Clerc, vendent en 1572 la Perraudière à Macé Le Royer, marchand à Beaufort : vente sans doute suivie de retrait, car la Perraudière, saisie sur la succession de Champdefain, est adjugée en 1602 (ou 1607), à Goussault. — 1656, vente de la Perraudière par Goussault (Jacques), à Serezin (Sébastien).

François M., né le ... novembre 1540, à Saint-Malo (a), Lieutenant pour le Roi au château de Saint-Malo, en 1577. — 1552 acquêt. — 1560 aveu. — Sr de la Perraudière et de la Maillardière fait donation de ses biens à sa femme Antoinette de Champdefain, qui meurt en 1604.

Jacquine d'Espinard (aliàs Panard), répudie la succession en 1613.

Ambroise M. N... 1554.

Gilles M. — Barbe de Champagné † 1626. 1605 aveu.

Catherine M., née le.... octobre 1542, à Saint-Malo « nommée par le Capitaine Jacques Cartier » (a).

Barbe † 1613, Dame de la Maillardière

Michelle † 1606

Françoise † 1622

Jeanne † 1673 ép. Mathurin Yver † 1657 garde du corps du Roi

Qui est : N. H. Thibault, M. Sr du Boisguinot, époux de Mathurine Aubert, qui le 30 janvier 1525, vend à N. H. Jean Guesdon, *ce qui pouvait revenir à la dite Mat. Aubert de la succession de son oncle, Me René Aubert, prêtre « sittués », dans la paroisse de la Pouëze ?* Qui est : Jeanne M., Veuve de Me de Chenneviers, Sr de St Victor, inhumée en l'église de Lué, en 1679 ? Jeanne de Chenneviers, aussi inhumée dans l'église de Lué, en 1683, était femme de Pierre Testu de Pierreberre, écuyer, Sr de la Galaizière et Renée de Clérembault, femme de Jean-Guillaume Testu, Sr de Ménouville et de la Galaizière † 1633, est aussi inhumée en l'église de Lué. Qui est : Urbain M., Sr de la Morinière, acquéreur en 1648 du château de Bagneux, ayant appartenu aux La Grézille ? Il vit (ou meurt) en 1661.

(a). Registres paroissiaux de Saint-Malo. De Pontlevoy, de l'Orchère, des Palis, de la Blinière, dont Guillaume Conseiller au Parlement de Paris 1344. — Jean, fondateur de l'Hôpital Saint Jean-Baptiste des ponts à Tours 1253 : d'argent à trois chevrons de sable au chef de même ondé de gueules. — (Denais.)

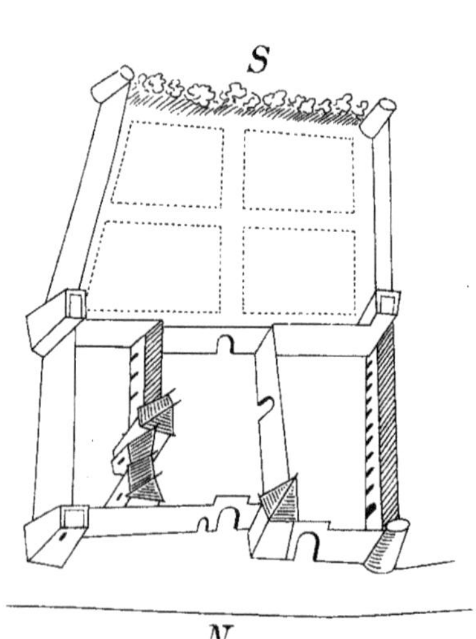

LA TUFFIÈRE EN 1697
à Mr René Mallet de la Belmondière

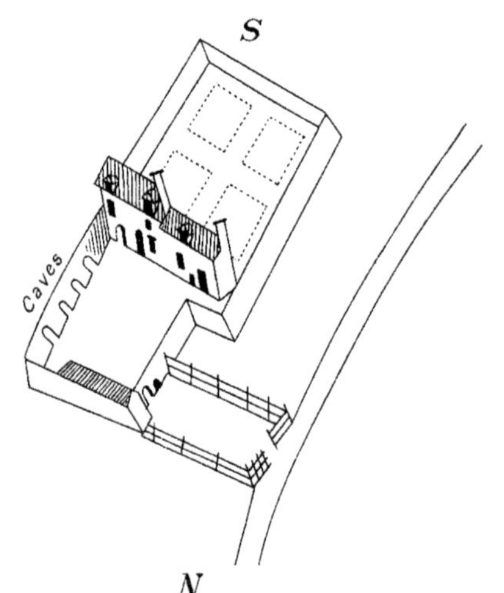

LA PINOCHÈRE EN 1697
à Mr Jean Lerat

Situation actuelle de la commune de Lué

DESCRIPTION PHYSIQUE

Les lieux, le climat, le sol et les eaux, les moyens d'accès. — Le territoire de la commune de Lué affecte la forme d'une longue bande s'étendant sur six kilomètres de l'est à l'ouest. La largeur maxima, comptée du nord au sud, ne dépasse guère deux kilomètres.

L'agglomération, dite *bourg de Lué*, où se trouvent l'église, la mairie, l'école, est située tout à fait à l'extrémité nord du petit axe et la limite de la commune de Chaumont vient jusqu'aux dernières maisons du bourg. Les environs immédiats de ce dernier forment un rectangle d'un kilomètre environ de largeur sur un peu plus de longueur, dont le chemin de Lué à Cornillé trace à peu près le grand axe, et qui est limité au sud par la Tuffière-Brûlée. Ils constituent le territoire occupé par la petite et la moyenne propriété. C'est aussi la partie la plus petite de la commune, celle qui est la moins accidentée et celle qui est la plus fertile et la mieux cultivée. Les propriétaires y ont détruit presque entièrement les haies et les fossés et abattu presque tous les arbres. A ce groupe se rattache : 1º une langue de terre en lisière des bois, comprenant la Rainière, la Bourdigale, les Rogueries et Châtillon; 2º tout à l'extrémité est, le Moulin-du-Bois, ainsi qu'une partie des taillis désignés sous le nom de Bois de Croûlon;

3° enfin, au sud, la Maison-Neuve et la Brosseraie sont également possédés par de petits ou moyens propriétaires ; 4° le Tertre, situé sur un mamelon isolé et faisant face à la butte des Milliers sur laquelle s'élevaient, il y a quarante ans, deux moulins à vent détruits depuis.

Cette butte est une croupe se reliant avec les pentes boisées qui s'élèvent au-dessus de la Rainière et se terminent par une autre croupe au-dessus de Châtillon.

Un plateau également boisé se dirige, du nord au sud, de ce point à l'endroit où le chemin de Lué à Milon quitte le territoire de Lué ; ce plateau se prolonge ensuite vers Milon. C'est la partie la plus élevée et aussi la plus aride de la commune ; celle où se trouvent les bruyères et les boisements de pins maritimes, dits dans le pays *Sapinières*. A partir de ce plateau, les pentes vont en s'adoucissant progressivement vers le nord-est jusqu'au ruisseau de Tayrie. Toute cette partie de la commune dépend de la Perraudière. Vers l'ouest, le terrain est bas, plat et composé de terres fortes. On y trouve quelques landes et de vieilles pâtures ; l'écoulement des eaux s'y fait mal en plusieurs points. Les bois n'y contiennent presque que des essences à feuilles caduques. Ces terres et ces bois dépendent de la Tuffière, à l'exception de la ferme de l'Egretterie (les Grêteries sur la carte) qui fait partie de la terre des Bruères (commune de Bauné) ainsi que le Haut-Tiré.

D'après la carte d'État-major au 1/80.000, la longitude ouest 2′ 30″ (2 gr. 90) et la latitude 47°, 30′ (52 gr. 80) se croisent sur le territoire de Lué en un point voisin des Milliers.

La cote la plus élevée, sur le plateau qui domine la Perraudière, est de 84 m. au-dessus du niveau de la mer, et la plus basse qui se trouve sur le ruisseau de Lué, près du Haut-Tiré, est de 32, soit une différence de 52 m.

La position de Lué dans l'espace se trouvant ainsi parfaitement définie, il nous reste à parler du climat, du sol et des eaux.

Climat. — Si l'on admet la division de la France en trois régions respectivement dénommées région de l'olivier, région de la vigne et région des céréales, Lué se trouve situé aux confins des deux dernières. C'est dire qu'on y trouve une grande variété de cultures réunies et favorisées par la douceur, si justement réputée, du climat angevin. Les hivers y sont, en général, peu rigoureux, les vents d'ouest, encore chargés des embruns de l'Océan, y dominent et y entretiennent une humidité bienfaisante. Les vents du nord et de l'est sont ceux qui coïncident avec les sécheresses et les gelées. Ce sont les plus redoutés des cultivateurs qui nomment le premier *vent de Galerne.*

Situé vers le bord de la cuvette géologique dont Paris occupe le centre, Lué appartient en entier : 1° au tertiaire moyen où l'on trouve un banc de craie-tuffeau semblant former le *substratum* de toute la commune, affleurant en certains endroits, et anciennement exploité sur une foule de points, pour la construction des maisons. Il existe encore, actuellement, une carrière en souterrain sous la butte de Châtillon ; 2° au crétacé inférieur, avec lambeaux des étages cénomanien, turonien et sénonien (1). Il en résulte une grande variété de terrains au point de vue agronomique, et, dans le même champ, il n'est pas rare de voir la terre changer quatre ou cinq fois de couleur et d'aspect.

Aux limites de la commune, vers Jarzé, un cultivateur heurta du soc de sa charrue, en 1898, une masse d'apparence métallique, assez volumineuse et dont le poids dépassait 70 kilogs. Déjà le bruit se répandait que ce devait être un fragment de bolide ou quelque aérolithe lorsque, un

(1) Carte dressée sur les documents fournis par le service des mines. — Angers, Germain et G. Grassin. — Carte de France de Dufrenoy et Elie de Beamont.

échantillon en ayant été adressé au Muséum, à Paris,
M. Stanislas Meunier l'analysa et déclara que c'était une
scorie de fonderie, pouvant remonter à l'époque gallo-
romaine. Ce fait est d'autant plus étrange qu'on ne trouve
dans le voisinage immédiat aucune trace ni souvenir de
forges ou de minerais métalliques.

L'altitude étant à peu près la même que celle d'Angers
(des buttes de la Perraudière on aperçoit les clochers de
la cathédrale) et malgré la différence de la nature du sol,
puisqu'Angers est sur des terrains plus anciens, le régime
météorologique est sensiblement identique.

Voici les moyennes relevées pendant les années 1889
à 1893 :

Baromètre 758,6	Orage	22 jours
Thermomètre + 11°7	Brouillard	37 —
Pluie : hauteur, 497 mm.	Brume	63 —
jours, 163	Neige	12 —
Vent : vitesse, 4 m. 50	Gelée	56 —
Hygromètre 71	Gelée blanche	20 —
Nébulosité 5,1	Grésil	3 —
Ozone 8,5	Grêle	9 —

Eaux. — L'eau potable est fournie par des puits qui
sont nombreux, — il y en a un dans toutes les habitations
— et de profondeurs variables. Les plus profonds, aux
Milliers, dépassent 35 mètres. On atteint la couche aqui-
fère en perçant le banc de craie-tuffeau; aussi n'est-il pas
surprenant que l'eau soit séléniteuse et que l'analyse hydro-
timétrique (1) la classe *à la limite des eaux potables*. Peut-
être faut-il attribuer à son ingestion une prédisposition à

____

(1) 40 degrès hydrotimétriques ; procédé Boutron et Boudet :
« Eau dure, très dure à 40 centigr. de sels calcaires bi-carbonatés
par litre. »

Un puits situé à l'extrémité N.-E. de la commune a donné la
proportion anormale de 1gr290 d'acide sulfurique anhydre par litre.

l'arthritisme qui a été signalée dans la population. Les réservoirs d'eau stagnante ou mares, qu'on voyait auprès des fermes, ont été souvent taris dans le cours des dernières années du xixe siècle qui ont été une période de sécheresse continue. Beaucoup de puits ont dû être recreusés et les anciens habitants disent avoir vu jadis l'eau couler presque toute l'année dans des fossés actuellement à sec, ou sourdre en des points nommés *apures*, où l'on n'aperçoit plus trace d'humidité.

Dans toutes les parties du territoire où le sol est crayeux — et c'est la majorité — sa nature perméable fait que l'eau pluviale est bientôt absorbée. Aussi le désir des cultivateurs serait de voir tomber des pluies fréquentes mais peu abondantes.

L'eau des fontaines de Lué, qui sourcent un peu au dessous de l'église, à l'ouest, passent pour être d'excellente qualité, — il y pousse spontanément du cresson qui pourrait y être avantageusement cultivé.

Celles des ruisseaux de Tayrie et des Éponaux ne sont utilisées que pour abreuver les bestiaux, le service des moulins à eau et aussi un peu pour le rouissage des chanvres. En cas de sécheresse extraordinaire, comme en 1893, où les fontaines de Lué elles-mêmes cessèrent de couler, on y va chercher l'eau nécessaire aux bestiaux avec des barriques montées sur des charrettes. L'abandon presque absolu de la culture du chanvre a fait délaisser les rouissages. Il n'y a jamais eu de four à chanvre.

Le sol. — Sur la ligne de faîte et le plateau de la Perraudière, point culminant de la commune, le terrain argilo-siliceux était autrefois couvert de landes où poussaient l'ajonc nain, les bruyères et la fougère, parmi lesquels étaient disséminées de chétives cépées de chêne ou de châtaignier. Le sous-sol contient un banc assez irrégulier de pierres exploitées pour l'entretien des chemins vicinaux et de grande communication. Cette partie est dépourvue de calcaire et se rattache aux grès cénomaniens. Plus bas, sur les pentes, la craie-tuffeau affleure et c'est là que sont percées la plupart des anciennes caves dont plusieurs sont assez vastes. Il y en a à la Perraudière, à Chatillon, aux Rogueries et aussi à la Reynière, au Petit-Souvigné, à la Galaizière, à la Tuffière, au pont des Roches, aux Milliers, à la Pinochère, à la Mortonnière, ces dernières avec traces d'habitation, à la Courtaillerie, où elles étaient encore habitées au milieu du XIXe siècle et en plusieurs points du bourg dont le sol est miné par ces antiques excavations. En descendant vers les ruisseaux, on trouve les terres argilo-calcaires formant la majeure partie de la superficie cultivée. Ce sont, en général, d'assez bonnes terres à blé et à sainfoin. Enfin, dans les parties les plus basses, qui s'égouttent mal, on trouve des argiles fortes se fendillant aux chaleurs estivales et rudes de façon au point que, d'après la teneur d'anciens baux, certaines ne devaient être cultivées qu'une année sur trois. Une forte proportion de ces terres sont occupées par des taillis de chêne qui y poussent avec assez de vigueur. Enfin, les bords immédiats des ruisseaux sont seuls garnis de prairies naturelles de médiocre qualité.

C'est dans la région argilo-calcaire que se présentent des affleurements de bancs de pierre coquillière, formée de conglomérats d'*Ostrea Columba* et *carinata* et désignés dans le pays sous le nom de *Cosses* (nom qu'on trouve employé du côté d'Avrillé pour désigner au contraire des *schistes*). Ces coquilles sont tantôt sans liaison entre elles et forment alors un cailloutis grossier mêlé d'argile rougeâtre ; tantôt elles se présentent en blocs plus ou moins compacts et qui peuvent servir de pierre à bâtir. Les deux gisements principaux de ces *Cosses* se trouvent, l'un vers la vieille Tuffière, l'autre aux limites communes de Lué, Jarzé et Chaumont. On trouve au-dessous une marne très blanche accusant 90° à 95° de calcaire (au calcimètre Bernard).

Dans les endroits où la terre est plus siliceuse (on dit *terre douce*) comme sont les champs de Tayrie, le sous-sol est glaiseux et imperméable. Ailleurs, la craie forme la couche sous-jacente, de sorte que la variété, au point de vue cultural, est grande.

Les terres légères se prêtent plus volontiers à la culture de la pomme de terre et du trèfle incarnat.

Les champs les plus calcaires étaient ceux qui, plantés en vignes, passaient pour produire le meilleur vin, et on sait la difficulté particulière qu'offre la reconstitution en plants américains dans ce genre de terrains. Le trèfle rouge, indiqué souvent comme plante calcicole, n'y prospère nullement et les autres récoltes y sont peu productives. (Dans le pays, on connaît le trèfle incarnat sous le nom de trèfle rouge et on nomme celui-ci trèfle violet.)

Les moyens d'accès. — Depuis l'époque, encore peu éloignée, où on ne parvenait à Lué qu'en charrette à bœufs, une quantité de routes et de chemins ont été tracés permettant de se rendre avec facilité aux lieux du voisinage. Ce fut, en premier lieu, la route d'Angers à Baugé passant par Milon, puis celle de Seiches à Baugé, passant par Jarzé, mais ni l'une ni l'autre ne traversait Lué qui s'est rattaché à ces deux artères principales par le chemin de grande communication de Corné à La Flèche, traversant le bourg dans toute sa longueur. Sont venus s'y embrancher, par ordre de dates, le chemin de Lué à Milon, le chemin de Lué à Jarzé par la Perraudière, qui bifurque à 1 kil. environ de Lué sur celui de Milon; ce chemin emprunte le terrain des anciennes avenues de la Perraudière dont le propriétaire a cru bien faire de céder la largeur nécessaire au chemin, en se réservant le terrain excédant cette largeur (c'est le seul vicinal ordinaire de la commune avec son embranchement de Jarzé à

Milon) et enfin celui qui suit l'ancien tracé d'Angers à
Lué, qui aboutit à un carrefour sur le chemin de Seiches
à Bauné. Ces divers chemins sont en bon état d'entretien (1).
Le reste des communications intérieures de la commune
est assuré par des chemins ruraux nombreux, mais en
mauvais état et non classés, sauf celui des Foucherais.

Les stations de chemin de fer les plus rapprochées
sont : Seiches, ligne de la Flèche à Angers, à 10 kil. et
Cornillé-Bauné, ligne départementale à voie étroite
d'Angers à Noyant-Méon, à 6 kil.

Un convoyeur commissionnaire va chaque semaine le
samedi à Angers et une voiture allant de Jarzé à Angers
y passe deux ou trois fois par semaine. Mais ce service est
irrégulier, il a été établi, abandonné et repris plusieurs
fois.

LA POPULATION

Ages, sexes, état-civil, professions. — Les tableaux
suivants donnent une idée aussi nette que possible de la
façon dont se répartit la population de Lué à l'époque à
laquelle ils ont été dressés.

RÉPARTITION D'APRÈS L'AGE

	Hommes	Femmes	
de 0 à 10 ans	19	20	
de 10 à 20 ans	21	34	
de 20 à 30 ans	16	25	Recensement
de 30 à 40 ans	22	20	
de 40 à 50 ans	28	24	de
de 50 à 60 ans	24	22	
de 60 à 70 ans	16	9	1896
de 70 à 80 ans	6	6	
de 80 à 90 ans	0	7	
de 90 à 100 ans	0	0	

(1) Leur tracé est très défectueux, car ils passent par des bois et
n'évitent pas les pentes qu'il eut été facile de contourner en desser-
vant beaucoup mieux les lieux habités.

ÉTAT-CIVIL

Nombre d'enfants	Ménages	Veufs	Veuves	Célibataires au-dessus de 25 ans		
				Hommes	Femmes	
8	1	1	0	»	0	Recen-
7	4	0	1	»	0	
6	2	0	0	»	0	sement
5	4	1	5	»	0	
4	9	0	2	»	0	de
3	10	0	0	»	1	
2	17	1	0	»	1	1896
1	11	2	3	»	0	
0	14	0	2	20	6	

Professions. — Il y a, sur la liste électorale, 113 inscrits et il a été constaté que, sur ce chiffre total, 28 seulement étaient originaires de la commune; les autres, nés
presque tous dans le département et même dans des
communes voisines. Toutefois, ce chiffre de 28, sur 113,
indique la facilité avec laquelle s'opère le déplacement
des familles et explique comment on ne retrouve plus à
Lué que très peu des noms relevés dans les vieux
registres locaux. Ainsi, en 1767, à la délibération de
l'Assemblée réunie pour nommer un procureur de
fabrique « en remplacement de Jacques Lizeau, procureur
actuel » ont pris part : Le sieur Jacques Quantin, seigneur de la Gravelle, Louis Quantin, Louis Postal, Jean
Pichon, *Jean Boisnard*, Pierre Roujou, *serrurier*,
Jacques Leboucher, Charles Dubois, René Payé, *Jean
Rameau*, Gaspard Delacroix, *Jacques Papot*, *René Froger*, René Roissé, Julien Laigle, Louis Montel, Julien
Roger.

En 1773, René Maillard, Étienne Jubeau, Marc
Beziau.

En 1777, nomination de Jacques Benoist; présents :
François Hamelin, procureur syndic; François Bard,
René Moron, *couvreur en ardoises*; Guillaume Flon,

Jean Menoust, René Fouchard et plusieurs autres portant des noms déjà cités. Dans divers actes, tous postérieurs à 1700, nous avons trouvé : René Brocier, Louis Chambron, Urbain Vilchien, Antoine Proulange, Guyon Hardange, *Jacques Ganne*, Pierre Ganos ou Ganault, Julien Colin, Jean Ménochau, *cordonnier,* Jacques Dubois. *M. Licois*, N. Faifeu. Les noms en italiques sont les seuls encore existants dans la commune. Sept ou huit autres ont cessé d'avoir des représentants depuis moins de cinquante ans. On peut en conclure, avec évidence, qu'il y a peu de familles se perpétuant de temps immémorial et ayant acquis ainsi des titres anciens à cette sorte d'aristocratie villageoise qui existe encore et surtout existait dans tant de coins de la France. Contentons-nous de noter, en passant, les consonnances bien purements françaises de tous ces noms de famille, ce qui n'a rien de surprenant, puisque nous sommes aux rives de la Loire, berceau et pays d'origine du plus pur dialecte français.

Pour revenir à l'examen de la liste électorale et à la répartition des électeurs par profession, nous trouvons :

1 Curé ;

3 Propriétaires rentiers ou louant leurs terres, dont 2 grands propriétaires ;

4 Soldats au service ;

28 Propriétaires cultivateurs (petite et moyenne propriété) ;

1 Régisseur, aussi propriétaire ;

1 Tonnelier ;

1 Marchand de bois, propriétaire ;

2 Ouvriers, ses fils travaillant avec lui et dont l'un est secrétaire de Mairie ;

1 Marchand mercier, propriétaire ;

1 Cordonnier, propriétaire ;

1 Charron, propriétaire ;

3 Forgerons, maréchaux-ferrants et taillandiers ;

ı Maçon patron, propriétaire;

3 Ouvriers maçons;

ı Meunier, propriétaire;

ı Scieur de long;

ı Sabotier;

ı Débitant (bureau de tabac, recette buraliste et boutique d'épicerie);

2 Gardes particuliers;

3 Cochers ou charretiers;

2 Jardiniers;

ı Valet de chambre;

46 Cultivateurs fermiers, ou domestiques;

2 Aubergistes;

ı Aide-cantonnier;

auxquels il convient d'ajouter un propriétaire et un domestique non inscrits, un menuisier inscrit à Chaumont et deux colporteurs auvergnats, résidant dans la commune pendant la plus grande partie de l'année, mais inscrits dans leur département d'origine.

Du reste, cette répartition par professions ne peut donner qu'une idée très approximative des moyens d'existence de la plupart des électeurs, car presque tous cumulent et il est parfois difficile de leur assigner une profession plutôt qu'une autre; enfin qui plus, qui moins, ils sont à peu près tous propriétaires. Le régisseur est en outre courtier d'assurances, le marchand mercier fait le commerce des fruits, qu'il va acheter dans la campagne. Le maçon est possesseur d'une carrière de tuffeau, qu'il exploite en hiver. Un aubergiste est entrepreneur d'une voiture publique faisant le service de Chaumont à Angers par Lué, etc. De sorte que minime est le nombre des hommes n'ayant absolument pour subsister que la location du travail de leurs bras, les journaliers eux-mêmes allant faire les travaux des champs chez les propriétaires étant en général possesseurs de quelque morceau de vigne ou de culture. En somme, la population est essentiellement agricole, puisqu'elle ne comprend que des hommes vivant soit directement du sol, soit des professions se rattachant immédiatement à son exploitation. Les jeunes hommes de 15 à 20 ans sont employés aux travaux agricoles comme journaliers dans leurs familles ou placés comme domestiques de fermes. Quant aux femmes, elles partagent volontiers dans les exploitations les occupations de leurs maris, et sans se confiner aux travaux du ménage, vont assez ordinairement aux champs, mais moins pourtant que dans le passé. 4 sont marchandes ou négociantes (petit commerce de mercerie ou d'épicerie), 3 lingères, 8 couturières, 2 cuisinières, 1 bonne d'enfants, 1 femme de chambre. Cette statistique, exacte au moment où elle a été établie, aurait à subir déjà d'assez nombreuses modifications au moment où elle sera donnée à l'imprimerie.

Émigration et immigration. — La situation topographique de la commune, son éloignement des grandes voies de communication et des centres importants, l'absence de toute industrie et de toute usine fait qu'elle n'a rien qui puisse attirer le petit rentier, le petit commerçant ni l'ouvrier de fabrique. Aussi, le courant d'émigration et d'immigration serait des plus restreints si les familles étaient plus attachées à leur résidence et ne changeaient volontiers de séjour, passant d'une commune à une autre pour différents motifs, mais le plus ordinairement sans s'éloigner beaucoup. La population, dont la densité absolue est un peu inférieure à la moyenne de la France (42,7, au lieu de 49,6) par kilomètre carré et qui, si on tient compte de l'étendue notable occupée par les bois, serait au contraire un peu au-dessus de cette moyenne, est plutôt à l'état stagnant, avec tendance à la diminution ; et le contrôleur des contributions directes ne manque pas, à chacune de ses tournées, de faire observer que les augmentations ou diminutions de la propriété bâtie sont insignifiantes à Lué. La tendance à la dépopulation est surtout marquée depuis trente ou quarante ans et ce mouvement pourrait s'accélérer avec la disparition des vignes, cette culture étant une de celles qui font la richesse d'un pays et fournit du travail à un plus grand nombre d'ouvriers sur une superficie relativement restreinte, à moins que la reconstitution des vignes phylloxérées ne réussisse, mais elle est à peine commencée et il serait téméraire de pronostiquer ce que sera le résultat (1).

Quelques jeunes filles sont allées se placer comme bonnes ou cuisinières chez des *bourgeois* de Baugé ou de quelque autre petite ville. Une a été élevée dans un pensionnat religieux. Un jeune homme a suivi l'enseignement du collège ecclésiastique de Baugé, classes de français. Il y a trois prêtres originaires de la commune et résidant dans des paroisses éloignées, deux hors du département. Quatre religieuses de divers ordres.

La principale cause de dissociation des familles et de l'émigration est certainement la mauvaise habitude qu'ont les cultivateurs — principalement les fermiers — de placer leurs enfants au lieu de les conserver avec eux. Sitôt que l'enfant est sorti de l'école, parfois même sans attendre ce moment, il est gagé comme domestique et presque toujours hors de la commune. On peut citer des familles composées du père, de la mère et de sept ou huit enfants dont un seul reste à la maison pour aider ses parents, tous les autres, garçons ou filles, étant dispersés comme domestiques agricoles. Et cependant la ferme aurait exigé, pour être bien travaillée, la présence de deux ou trois de ces enfants, au minimum. Mais, dès qu'il l'a pu, chacun a tiré de son côté.

---

(1) Ceci était écrit en 1899 et depuis la reconstitution a marché grand train.

Comment l'esprit de famille pourrait-il subsister avec cette dissémination précoce d'enfants traités dès leur bas âge avec une faiblesse excessive par des parents sans autorité et quittant ces derniers dès qu'ils se sentent capables de voler de leurs propres ailes? Chacun, après avoir couru de côté et d'autre, finit par se fixer quelque jour là où il se trouve et déserte définitivement le foyer paternel du jour où il le quitte pour la première fois. Aussi le sort des vieux parents est-il des moins enviables, car ils ne trouvent guère dans leurs derniers jours l'aide et l'appui qu'ils devraient naturellement attendre de leurs descendants. La règle du *chacun pour soi* tend à prévaloir et il faut avouer que les parents font tout pour encourager cette fâcheuse tendance en faisant de leur vivant (et cela n'est pas rare) le partage de leurs biens entre leurs enfants, moyennant une rente viagère ou, le plus souvent, en stipulant qu'ils iront vivre tantôt chez l'un, tantôt chez l'autre, de ceux-ci qui devront les héberger à tour de rôle jusqu'à l'heure de leur mort. Dans ces conditions, il n'est pas difficile de prévoir que la présence des vieux devient, au bout de peu de temps, à charge et qu'on la leur fait sentir d'une manière qui n'a rien de commun avec l'esprit filial.

On peut rattacher à l'immigration périodique la venue annuelle de deux Auvergnats (beau-père et gendre) qui, depuis de longues années, viennent s'établir à Lué et de là, rayonnant dans les communes environnantes, colportent des étoffes et de la mercerie. En outre, à la belle saison, on voit quelques ouvriers embauchés pour les travaux de maçonnerie, mais le patron se plaint d'en trouver de plus en plus difficilement, les *compagnons* ne consentant plus à venir travailler à la campagne. Cette observation s'applique, en général, d'ailleurs, à tous les corps de métier, aussi bien qu'au recrutement des domestiques ruraux des deux sexes.

Enfin, on peut noter une certaine périodicité établie dans le passage de *l'armée roulante* des nomades à la suite de la singulière détermination prise par des châtelains du voisinage de ne donner l'aumône à leur porte qu'une fois par semaine, à jour fixe. Jadis, à l'époque de la moisson, on voyait encore paraître des *métiviers*, mais cette coutume a disparu sans laisser de traces. Il y a ordinairement dans la commune deux ou trois enfants assistés, placés par les hospices d'Angers soit en nourrice, soit comme petits domestiques ruraux. Ces derniers, sans être d'ordinaire maltraités, sont fort négligés au point de vue de l'instruction et de l'éducation.

DIVISION DE LA PROPRIÉTÉ

Grande, moyenne et petite propriété, propriétés communales. — Sur une contenance totale de 719 hect. 91 ares 25 cent., l'inspection de la matrice cadastrale (il n'y a pas de cadastre antérieur à 1830) permet de constater que la commune est divisée en 1.007 parcelles, d'importance très diverse. Le nombre des cotes foncières est de 128, le revenu imposable de 13.621 fr. 45. Le nombre des propriétaires habitant Lué et possédant sur Lué est de 54, ainsi divisé :

    Grande propriété   2 = 448 hect. 10 ares 88 cent.
    Moyenne   —   7 = 57 — 80 — 20 —
    Petite   —   45 = le reste.

Dans cette dernière catégorie, les propriétés arrivent à une exiguité extrême; il y a quatre cotes inférieures à 4 ares, la plus petite est de 2 ares 10 cent.

Si l'on observe d'autre part que plusieurs grandes propriétés des communes voisines ont sur Lué des extensions, dont l'une comporte deux fermes et que, d'autre part, une partie de la petite propriété appartient à des personnes ne résidant pas à Lué, il en résulte cette conséquence que la part moyenne de la petite propriété est exiguë. Mais ces lopins de terre sont, en général, d'autant mieux cultivés et d'autant plus convoités qu'ils sont plus petits. En cas de vente, ils atteignent ordinairement de hauts prix et la pratique des lois successorales, actuellement en vigueur, pourra amener leur émiettement complet. Ces transactions sont faites fréquemment en cachette des grands propriétaires qu'on craint de voir devenir *trop riches*. Les biens communaux ne représentent que 63 ares o5 cent. les jardins de la cure et de l'école en forment la plus grande partie.

VENTES, SAISIES, COUTUMES SUCCESSORALES

Les ventes n'offrent rien de particulier à signaler, elles ont généralement toujours été faites : autrefois par les tabellions, maintenant les notaires, et on ne trouve presque pas d'actes sous seings privés. Les études de Jarzé, Seiches, Bauné qui possèdent quelques minutes remontant à 1620 et, plus régulièrement, depuis 1730, font la preuve que la région n'a jamais eu beaucoup d'autres ventes par autorité de justice que les ventes de biens de mineurs. Les neuf dixièmes des autres sont des ventes volontaires. Les saisies ont rarement été exécutées et seulement dans le cas de défaut de payement de fermages ou loyers, et ce sont des exceptions.

En ce qui touche les coutumes successorales, il n'y a point non plus de particularité spéciale au pays, où les successions sont toujours réglées et partagées conformément à la loi et même sans que les parents profitent de la liberté laissée par celle-ci de disposer d'une part d'enfant, soit pour avantager l'aîné, soit pour faire quelques dons et legs. De même que dans la grande majorité des cas, les mariages sont faits sans contrats, les habitants de Lué meurent sans testament. Un propriétaire qui n'a pas d'héritiers *se donne* volontiers à une famille, c'est-à-dire que celle-ci lui fournit le vivre et le couvert sa vie durant, et hérite de son petit bien à son décès.

IMPOTS — SITUATION FINANCIÈRE

Les terres labourables ont été, pour l'assiette de l'impôt, divisées en cinq classes respectivement évaluées à 2 fr. 25, 1 fr. 75, 1 fr. 10, o fr. 6o et o fr. 4o *la boisselée;* soit 43 fr. 75, 26 fr. 25, 15 fr. 5o, 9 fr. et 6 fr. l'hectare; les vignes, en deux classes, à 1 fr. 75 et 1 fr. 10 la boisselée; soit 26 fr. 25 et 15 fr. 5o l'hectare ; les prés, en trois classes, à 2 fr. 25, 1 fr. 4o et 1 fr. la boisselée; soit 43 fr. 75, 21 fr. et 15 fr. l'hectare ; les bois, en quatre classes, à 1 fr. 20, o fr. 90, o fr. 6o et o fr. 25 la boisselée; soit 18 fr., 13 fr. 5o, 9 fr. et 3 fr. 75 l'hectare. Enfin, les jardins et bosquets forment une classe à part évaluée à 2 fr. 6o la boisselée, soit 37 fr. 5o l'hectare.

Le tableau suivant indique le montant de l'impôt à diverses époques (mandement de contributions foncières, personnelles et mobilières et portes et fenêtres).

Années	Foncière	Personnelle mobilière	Portes et fenêtres
1828	3.031,5o	386,4o	115
	Principal 2.15o	280 »	100
1857	Principal 1.888	281 »	203
1867	Principal 1.902	332 »	25ö
1868	Principal 1.902	328 »	256

Le *marc le franc* s'élève aux chiffres suivants :

Années	Foncière			Mobilière
1879	0,225218	»		0,643o8
1884	0,238861 bâtie	0,2387	non bâtie	0,73895
1893	0,051215 —	0,209544	—	0,818o4
1898	0,054o5 —	0,23178	—	0,9292
1899	0,05944 —	0,22151	—	0,8974

Enfin, la situation financière de la commune est résumée dans le tableau suivant :

	Population	Recettes ordinaires	Dépenses	Produit des centimes	Valeur du centime	Centimes	Dette
1895	320	1.634	1.634	997	27,80	37	2.560
1896	»	1.694	1.694	974	27,78	36	2.359
1897	»	1.608	1.608	981	27,84	36	2.113
1898	»	1.635	1.635	997	28,20	36	2.443 (?)
1904	312	1.638	1.638	884	28,11	32	1.308

Ces chiffres sont tirés des tableaux publiés par la préfecture et le chiffre de la dette, en 1898, doit être erroné, car la commune n'ayant entrepris aucun travail nouveau ni engagé aucune nouvelle dépense à ce moment, le fonctionnement de l'amortissement de sa dette devrait avoir continué à jouer et celle-ci être inférieure à 2.000 fr.

La pénurie des ressources oblige le Conseil municipal, tout en limitant les dépenses au strict nécessaire, à voter chaque année un certain nombre de centimes additionnels pour insuffisance de revenu, afin de *boucler le budget*. Il en résulte qu'une foule de belles lois philantropiques, dont notre Parlement n'est point avare, mais dont le moindre inconvénient est que, pour participer aux largesses des fonds départementaux, il faut d'abord que la commune s'engage à payer une quote part des dépenses, restent lettre-morte pour Lué comme pour tant d'autres communes dont la situation financière n'est pas plus florissante. D'ailleurs, que ce soit l'État ou le Département qui semble intervenir, d'où vient l'argent? N'est-ce pas toujours de la poche du contribuable sans cesse mise en réquisition et soumise à la pompe aspirante du fisc? Le bon sens populaire le sent bien et rechigne quand il s'agit de s'imposer de nouvelles charges, dont il sait qu'une bonne part reste aux mains crochues de budgétivores voraces et paperassiers, chargés de l'administration de caisses de retraites ou autres, pour lesquelles on ne cesse de solliciter le bas de laine de Jacques Bonhomme. Mais Jacques Bonhomme a de la méfiance et il s'aperçoit que, malgré les immortels principes, il est resté taillable et corvéable à merci.

Le budget de la Fabrique atteint à peine 700 fr., tant en recettes qu'en dépenses.

Le rôle des patentes est fort réduit.

Quant aux prestations, trop nombreux sont ceux qui, par un faux calcul, préfèrent les acquitter en nature et font leur déclarations d'option en conséquence. Cela tient à ce que l'homme des champs donne plus volontiers une journée de travail, pendant laquelle il pourrait gagner trois francs, qu'il ne se résout à tirer vingt sous de sa bourse. Il n'est pas désirable qu'on arrive à rendre obligatoires les prestations en argent, mais il serait avantageux que l'on se rendît compte que leur exécution en nature est justement un reste de la corvée ancienne contre laquelle on a tant crié et que, dans l'intérêt général, leur conversion en argent est plus avantageux pour tout le monde. Mais quoi de plus difficile à déraciner qu'une habitude prise, surtout quand elle est mauvaise.

LES MODES D'EXPLOITATION

Faire valoir : familial, patronal, fermage, métayage. — On trouve réunis à Lué ces divers modes d'exploitation. Les petits et même les moyens propriétaires cultivent et font valoir presque tous directement leurs terres. Les deux grandes propriétés de la commune comportent l'une et l'autre un faire-valoir par domestiques assez important. Enfin, les *terres volantes* et petites closeries, appartenant à des propriétaires résidents ou forains, sont louées à prix d'argent. Les grandes fermes (20 à 3o hectares et au-dessus) sont, les unes affermées, les autres soumises au régime du métayage qui, dans l'intérêt du patron aussi bien que dans celui du tenancier, devrait, à notre avis, être adopté de plus en plus, comme se prêtant le mieux à l'in-troduction des nouvelles méthodes sans lesquelles l'agriculture est destinée à piétiner dans le *statu quo* et la routine. Dans le métayage, tel qu'il est pratiqué à Lué et dans une bonne partie de l'ouest, le métayer est propriétaire exclusif du matériel agricole et de la moitié des semences et bestiaux. Cette propriété réelle rend son état bien supérieur à celui des métayers d'ancien régime auxquels, comme le constatent les rapports de l'époque, le propriétaire était souvent obligé de faire l'avance totale du cheptel vivant, des instruments aratoires et même du blé nécessaire à la nourriture de l'exploitant à son entrée en métairie, pour lui permettre d'attendre la première récolte. C'est à ce système de métayage, principalement constaté dans le centre et le midi, mais qui a aussi existé à Lué, que s'adressent justement les critiques les plus vives des partisans du fermage et il faut bien reconnaître qu'il offrirait les plus graves inconvénients si l'on était, par malheur, obligé d'y recourir de nouveau. Il n'en est guère qui puisse être un plus triste symptôme d'une crise agricole à l'état aigu. Tandis que la colonie partiaire, organisée dans les conditions que nous avons dites, offre un très bon système d'exploitation surtout si le propriétaire est là, et s'intéresse à la culture, intervenant par ses conseils et son crédit.

Les grandes exploitations directes, en faire-valoir patronal, peuvent rendre les plus grands services. Les propriétaires possédant des capitaux et disposés à étudier les nouveautés qui leur semblent intéressantes entreprennent volontiers des essais qui, s'ils réussissent, sont bientôt imités par tous ceux que le culte de la routine et l'horreur de la nouveauté n'enchaînent pas aux pratiques antédiluviennes d'une culture rétrograde. Ces essais, s'ils échouent, servent d'exemple aux voisins qui n'ont, en ce cas, qu'à se garder de les imiter; s'ils réussissent, c'est la meilleure

leçon de choses et tout le monde peut en profiter, d'autant
plus que le grand propriétaire ne fera pas mystère de ses
procédés et les livrera à tous, chose que ne fait pas volontiers le petit propriétaire, cachottier de son naturel. Mais
pour faire admettre une modification, si minime qu'elle
soit, à d'anciennes pratiques, de quelle persévérance, de
quelle fermeté parfois ne faut-il pas faire preuve? Trop
souvent ceux qui sont chargés d'inaugurer une méthode
nouvelle n'ont pas au fond du cœur de plus grand désir
que de la voir avorter misérablement et pour cela ils ne se
feront pas scrupule de mal exécuter les ordres qu'ils ont
recus, riant d'avance sous cape, de la déconvenue du propriétaire quand il verra les résultats ne pas répondre à
son attente. Ce sont les petites misères du métier de pro-
priétaire-agriculteur et, après tout, il est assez naturel que
le laboureur, qui tient depuis des années les mancherons
de la charrue, soit persuadé qu'il n'a pas de leçons à
recevoir de *Messieurs qui ne savent que ce qu'ils ont
appris dans les livres.* Cependant, peu à peu, le progrès
s'accomplit et si, par suite de cette défiance qui forme
le fond de son caractère, le cultivateur est plutôt prêt à se
laisser endoctriner par les charlatans politiques ou agricoles qu'à écouter des conseils désintéressés, il finit quand
même par se rendre à l'évidence et par imiter ce qu'il voit
réussir à côté de lui.

Les faire-valoir des grands propriétaires sont donc les
meilleurs champs d'expériences possibles et sous ce rapport Lué n'a pas à se plaindre, car, d'une part, le faire-
valoir de la Tuffière est dirigé par M. de Toulgoët, qui a
suivi les cours d'une école d'agriculture, et, dans celui de
la Perraudière, on cherche à appliquer d'une façon ration-
nelle, la pratique des engrais chimiques. Dans les deux,
on a entrepris la reconstitution du vignoble par les plants
américains greffés et il y a à la Perraudière des champs

d'essai de porte-greffes en terrains calcaires et une pépinière de pieds-mère et de plants greffés.

Plusieurs petits propriétaires se sont mis également à la tête de ce mouvement, où l'on rencontre des difficultés spéciales, à cause de la nature calcaire du sol de bien des champs. Nous aurons occasion de revenir sur ce sujet en parlant des diverses cultures usitées à Lué.

Les vignes et les bois sont toujours exploités directement; il n'est pas d'usage de les louer séparément. Toutefois, certaines parcelles font partie de fermes ou de métairies et la récolte de vin est parfois partagée dans ce dernier cas suivant les conventions particulières insérées au bail, et dont voici un type : « Le métayer fera les façons « de la vigne et la vendange; il prélévera d'abord deux « barriques de vin et partagera le surplus par moitié avec « le bailleur. » Le contrat de vigne à complant est inconnu ici.

Quand un champ n'est pas loué par bail, on trouve assez facilement des cultivateurs qui le prennent à moitié, pour y mettre soit des céréales, soit des pommes de terre, etc.; dans ce cas, les preneurs font le travail, mais ne mettent pas de fumure.

Pour donner un aperçu des usages réglant les multiples questions que soulèvent les exploitations rurales, nous devons faire ici de nombreux emprunts au *Recueil des usages ruraux du canton de Seiches* (1) qui vient d'être publié et qui a été rédigé par une Commission très compétente. Ces usages sont appliqués dans tout le canton et par conséquent dans la commune de Lué qui en fait partie; ils ont force de loi, sauf le cas de stipulation contraire formulée par écrit.

Exploitation. — 1º La ferme comprend les bâtiments d'exploitation et plus de sept hectares de terre, avec ou

____

(1) Angers, Germain et G. Grassin, 1898.

sans prairie ; les vignes, landes, parcelles de bois et pâtis rentrent dans cette contenance de sept hectares ;

2º La Closerie : exploitation au-dessous de sept hectares (7 hect. au plus) ;

3º Les terres volantes, sans bâtiment d'exploitation ;

4º Les prairies naturelles ou artificielles.

Les baux commencent, sauf pour les prairies, au 1er novembre, à moins de stipulation contraire.

La durée du bail sans écrit et de la tacite reconduction est d'une année. Les congés doivent être signifiés : trois mois à l'avance pour les locations jusqu'à 50 fr. inclusivement ; six mois pour les locations supérieures à 50 fr. (impôts et charges non compris). Le bail, à ferme ou à colonie partiaire, ne comprend ni droit de chasse, ni droit de pêche.

Le locataire doit l'entretien des couvertures lorsque les surfaces à réparer n'excèdent pas 33 centimètres carrés, l'entretien des pavages et carrelages intérieurs du foyer et de la *couette* ou couche de terre qui recouvre les greniers non carrelés ; l'entretien du carrelage, de la bouche et de l'entrée du four (l'entretien de la voûte est à la charge du propriétaire) ; le nivellement du sol des cours et aires, et celui du sol des bâtiments non carrelés jusqu'à hauteur du seuil de la porte, l'enduit à l'intérieur et les joints des encadrements des portes et fenêtres ; l'entretien des vitrages, ferrures et serrures des portes et fenêtres (les gouttières et tuyaux de descente sont à la charge des propriétaires).

Le locataire doit en outre : l'entretien des auges à porcs fournies par le propriétaire, l'entretien des échelles, échaliers et barrières — mais il n'en existe à peu près nulle part et les cultivateurs n'en prennent aucun soin quand, par hasard, il y en a, — le vieux bois des barrières remplacées lui est abandonné ; l'entretien des mangeoires, râteliers, stalles et crèches — on a la coutume de séparer dans les étables les paires de bœufs par des parois fixes

en bois, — du pavage ou carrelage de celles-ci, ainsi que
de la maçonnerie supportant le bois sur lequel elles
reposent; l'entretien du pressoir et accessoires, fournis
par le propriétaire. Les bois nécessaires à ces divers travaux sont fournis sur pied par le propriétaire, l'abatage
et le transport sont à la charge du colon qui, en compen-
sation, a droit aux déchets provenant du débitage.

L'entretien des sentiers et chemins, mais l'encaissement
est à la charge du propriétaire; l'entretien des haies,
fossés, rigoles et issues (tout ceci fort négligé en pratique),
et le curage des abreuvoirs.

Le fermier ou colon peut empoissonner ceux-ci sans qu'il
y ait lieu à partager, sauf réserve stipulée; du reste, bien
qu'il y ait à la Tuffière et à la Perraudière des abreuvoirs
dénommés *poissonniers,* il est probable qu'ils n'ont jamais
été en état de servir de viviers.

Le fermier doit le charroi des matériaux et l'entretien
des ponceaux; le choix et la fourniture des matériaux
appartenant au propriétaire.

Le puits est entretenu par le propriétaire, le locataire
fournit la corde, la chaîne et le seau, qui restent sa
propriété.

Le fermier sème en entrant et ne sème pas en sortant.
L'entrant peut commencer les labours de jachère et les
travaux nécessaires à son ensemencé le 24 juin qui pré-
cède son entrée. Il a droit, pendant le temps de ces travaux préliminaires, aux granges et greniers et au logement
pour son attelage dans une partie des étables ou écuries, ainsi qu'à l'usage de la cheminée pour sa cuisine. Il
a droit à toutes les pailles de la récolte faite par le fermier
sortant, il les embarge comme bon lui semble. Il peut, dès
le mois de février, semer du trèfle dans la moitié ou le tiers
des terres ensemencées en froment par le fermier sortant
et choisit les terres où il veut exercer ce droit. Si pour
cause de sécheresse ou autre cas fortuit, le sortant n'a

pu terminer, au cours du mois de juin, la plantation des choux fourragers, l'entrant ne peut s'opposer à ce qu'elle soit faite après cette époque. Le fermier sortant doit avoir, l'année de sa sortie, l'assolement suivant :

Pour les fermes :

1° Un tiers des terres arables en céréales d'hiver ;

2ª Un sixième en orge ou avoine de printemps ;

3° Un sixième en récoltes sarclées ;

4° Un sixième en jachère ;

5° Un douzième en choux de Poitou ou à moelle ;

6° Un douzième en prairie artificielle.

Pour les closeries :

1° Trois huitièmes en céréales d'hiver ;

2° Un huitième en céréales de printemps ;

3° Un huitième en choux ;

4° Un huitième en récoltes sarclées ;

5° Deux huitièmes en jachère.

Le fermier sortant doit, en outre, planter en choux communs le tiers du jardin de la ferme. Il ne doit pas faire de chaume. Il peut faire pacager les prés jusqu'au 1ᵉʳ février. Les regains lui appartiennent, mais il ne peut les enlever à sa sortie.

Il partage la feuille d'ormeau avec le fermier entrant. De temps immémorial on pratique sous le nom d'*érussage* le dépouillement des branches d'ormeau ; ce travail est fait à la main, ordinairement par des femmes grimpées dans des échelles. Les feuilles ainsi récoltées sont employées principalement à la nourriture des porcs, après avoir été bouillies.

Le trèfle appartient au fermier sortant, mais il ne peut le laisser monter à graine ; il a la première coupe des luzernes et sainfoins, mais le fermier entrant a droit à la seconde coupe.

Le fermier sortant ne peut faire pâturer les trèfles semés par l'entrant que par les veaux et les poulains âgés

de moins d'un an et seulement après le 8 septembre. Il a
le droit d'effeuiller les choux jusqu'au 31 octobre inclusivement ; à cette époque, chaque pied doit porter au moins
six feuilles et le cœur. Il fait ses vins et cidres au pressoir du lieu et les marcs lui appartiennent.

Le fermier sortant a le droit d'emporter les racines et
tubercules (pommes de terre, betteraves et citrouilles)
qu'il a récoltés.

Les *loges*, couvertes en bois, genêts, pailles, ou chaume
et litière restent au propriétaire s'il en a fourni le bois, et
sans indemnité pour le fermier sortant. Celui-ci enlève
les loges s'il a fourni le bois ainsi que la couverture si
elle a été prise sur les lieux. Toutefois le propriétaire peut
exiger que les loges restent, mais moyennant indemnité
payée, à dire d'experts, au fermier sortant.

CULTURES

On a vu dans la première partie quelles sont les
cultures usitées dans la commune de Lué et constaté
que la grande variété de celle-ci engendrait une égale
variété dans les assolements. Les labours d'hiver,
autrefois peu pratiqués, commencent à être assez en
usage, de sorte qu'à moins de fortes gelées prolongées,
pendant lesquelles on peut encore faire le bois des haies,
il n'y a point de morte saison pour le cultivateur.

Les notes suivantes, empruntées au recueil des usages
ruraux du canton, montrent les pratiques actuellement
suivies dans les terres soumises aux différentes cultures.

Assolement. — Il se fait par moitié pour les closeries
et par tiers pour les fermes, c'est-à-dire que la moitié ou
le tiers des terres arables peuvent être consacrées aux
céréales d'hiver.

Labours. — Ils ont lieu du 1er mars à la fin d'avril
pour les jachères et du 24 juin au 15 juillet pour les

autres terres ; ils se font soient en planches, soit en sillons. Parfois on *vire à plat* pour un premier labour.

Ensemencement. — Les céréales d'hiver sont semées du 15 octobre au 20 novembre avec trèfle, ou souvent sans trèfle. Un douzième des terres arables est mis en orge ou avoine de printemps, avec ou sans trèfle, sainfoin ou luzerne. On sème par hectare deux hectolitres à deux hectolitres et demi de semence de blé préalablement chaulée et quelquefois sulfatée. Le sixième environ des terres est consacré aux plantes fourragères dites *coupages*, dont moitié semée ou plus souvent plantée en choux du Poitou vers la fin de juin, ou encore en citrouilles, ou racines telles que navets, pommes de terre, carottes, betteraves, etc. La culture du topinambour, qui peut occuper le même sol pendant plusieurs années tend à se répandre peu à peu.

Fumure. — Les terres doivent être fumées lors de chaque ensemencement avec du bon fumier animal dans la proportion de 20 mètres cubes par hectare, ou l'équivalent en engrais chimiques, ou le double en engrais végétal et terreau. A ce propos, disons que les fumiers sont en général fort mal soignés et les purins perdus ou peu s'en faut. Le mieux serait d'obtenir que ces fumiers fussent portés, autant que possible, des étables, qu'on *cure* au moins toutes les semaines, dans les champs. Depuis quelques années, on a établi dans plusieurs fermes des fosses à purin. Le chaulage, après plusieurs tentatives à peu près infructueuses, a été abandonné comme le plus souvent inutile dans des terres déjà très calcaires.

Sarclages. — Les cultures doivent être sarclées du 15 mars au 24 juin et toutes les mauvaises herbes doivent ou devraient être soigneusement détruites. Il va sans dire que dans la réalité il reste encore trop de terres infestées de plantes nuisibles.

Animaux en cheptel. — L'usage ne défend pas aux

fermiers de prendre des animaux en cheptel, mais ils ne doivent pas les nourrir avec les fourrages de la ferme, même en utilisant le fumier sur les lieux. Ce sont des brebis qui qui sont ainsi placées en cheptel — les agneaux et la laine sont partagés ; — toutefois le nombre des bêtes à laine est très petit à Lué et les habitants n'aiment pas la viande de mouton. Le propriétaire a, dans le cas d'animaux en cheptel, la charge des frais de vétérinaire et de médicaments, les bêtes mortes restent sa propriété mais leur laine se partage.

Pépinières. — Les fermiers devraient entretenir une pépinière pour l'emplacement des arbres fruitiers et soigner convenablement ceux-ci, le bois mort et l'élagage restant au propriétaire ; mais en pratique ils n'en ont cure et les laissent pousser au hasard. On en trouve qu'on n'a pas même pris la peine de greffer.

Prairies. — Les prés artificiels ou naturels ne sont plus pacagés à partir du 1er février et, du reste, la stabulation hivernale est de règle. Les prairies artificielles sont fauchées du 20 mai au 24 juin, les prairies naturelles du 15 juin au 1er août. Les fermiers devraient raser deux fois l'an les fourmilières et taupinières, faire procéder à la destruction des taupes, arracher les épines qui pousseraient dans les prés, détruire la mousse par des hersages. Mais dans la pratique tous ces soins sont fort négligés à Lué. L'usage (et c'est bien à tort) ne mentionne rien relativement aux engrais à mettre sur les prairies naturelles et n'indique pas le sulfate de fer comme le meilleur destructeur de la mousse et de la cuscute.

Bois. — Seules, les émondes de bois appartiennent au fermier, ainsi que le bois provenant de la coupe des haies. L'émondage se fait à 9 ans pour les chênes et à 4 ou 5 ans pour les bois blancs, tels que aulnes, charmes, châtaigniers, érables, frênes, léards, ormeaux, peupliers et saules, de façon que le fermier les ait deux fois dans le cours d'un bail de 9 ans.

Le fermier ne doit ni l'abatage ni le transport du bois mort qui appartient au propriétaire. Il doit élever les jeunes arbres qui ont cru dans les haies sans les étêter, à moins d'autorisation du propriétaire. L'étêtage se fait, dans ce cas, à 3 mètres du sol. On donne souvent comme salaire pour l'abatage des arbres le bois de terre (racines) et l'émonde dite *samille*.

Bois taillis. — L'usage est de couper les taillis à 9 ans; la coupe du chêne franc doit se faire avant le 10 mai; celle du chêne *brosse* (*quercus tauza*), dont la végétation est plus tardive, avant le 10 juin. On trouve encore quelques chênes *cerris* qui ont réussi dans des points où les autres essences avaient manqué et quelques acacias (*Robinia pseudo-acacia*). On ne fait ni écorce ni charbon et rien n'est prescrit pour la réserve de baliveaux *anciens* ou *modernes*, sauf un baliveau par 10 ares. Les genêts, ajoncs, bruyères, bourdaine, houx, coudriers, alisiers, ne doivent être coupés et enlevés qu'avec le bois de taillis dans lequel ils ont cru. Les terres, feuilles, gazons et glands ne doivent pas être enlevés.

Les bruyères sont quelquefois vendues et exploitées à part, en particulier la grande bruyère à balai ou *Brande* (*Erica scoparia*) dont on fait des couvertures de loges. La bruyère ordinaire (Calluna vulgaris, Erica cinerea, etc.) est employée comme litière. Il y a quelques parcelles de futaie non aménagées.

Les sapinières (Pinus maritima et quelques rares *Pinus sylvestris*) sont éclaircies vers 10 ans et ensuite de cinq en cinq ans, jusqu'au moment où on les abat en faisant *coupe blanche;* on arrache alors les troncs jusqu'aux racines et on opère de suite un semis de la même essence d'après les divers procédés usités pour cela et qui tous ont donné de bons résultats. Les essais de pin noir d'Autriche, tentés en terrains crayeux, ne semblent pas avoir réussi. Les sapinières ainsi exploitées fournissent des bourrées, du bois de corde ou *hanoches* et les plus grands arbres sciés donnent des planches.

Vignes. — La vigne est cultivée à Lué de temps immémorial ; c'est ainsi que l'on voit Jean Chartier, curé en 1534, dans l'énumération des pièces de terre qu'il affecte à la fondation de la chapelle Saint-Jean, faire mention du « cloteau de terre et de vigne de la Bénardière et un petit lopin de vigne sis au clos de la Galaizière ». Il paraîtrait que diverses causes avaient amené la disparition presque totale des anciennes vignes, car, en 1830, il ne restait à Lué guère de terrains consacrés à cette culture, si ce n'est le clos des *Cocus,* complanté principalement en Pineau blanc de la Loire et donnant un vin estimé dans la région. Ce clos était divisé en un certain nombre de parcelles ayant chacune son propriétaire. Dans le verger de la Perraudière, une vigne de même cépage donnait un vin analogue au précédent. Enfin, de ci, de là, quelques parcelles insignifiantes de vigne rouge (cépage : Pineau rouge d'Aunis). La récolte était très irrégulière et le rendement très faible, les soins culturaux sommaires et l'échalassement pour l'ordinaire omis. On plantait la vigne en simples boutures dites *crochets* ou en plant enraciné d'un an élevé en pépinière. Pas de fumure qui, disait-on, nuisait à la qualité, aucun traitement contre les parasites animaux ou végétaux et toutes les façons à la main ; telle était la situation de l'ancien vignoble à Lué. Un cep venait-il à périr ? on le remplaçait par provignage.

Vers 1860, la vigne prend une grande extension, à la suite de la plantation d'un hectare environ en cépage rouge, dans un terrain de calcaire blanc improductif dépendant des Milliers. On avait, pour amender le sol, enfoui dans des tranchées des fagots de menu bois et des bruyères. Le propriétaire de la Tuffière créa ensuite un vignoble de plusieurs hectares contigu à l'ancien clos des Cocus, mis en lignes sur fil de fer et cultivé à la charrue (1). Il introduisit dans son incépagement quelques fines espèces du Médoc : Côt à queue rouge, et à queue verte, Cabernet, connu dans le pays sous le nom de Breton, etc.; ces cépages arrivaient moins facilement à maturité que les variétés cultivées plus généralement.

Beaucoup de petits propriétaires suivirent son exemple, mais s'en tinrent ordinairement au Gros Lot de Cinq-Mars désigné ici sous le nom de *plant Boisnard*, qui donne un vin de moindre qualité, mais plus abondamment et plus régulièrement. Ces vignes furent établies sur deux rangs de fils de fer soutenus par des poteaux en bois. On planta aussi quelques rangées de vignes isolées en bordure d'autres cultures.

Vers 1886, l'étendue du vignoble atteint son maximum. Celui de la Perraudière comporte 12 hectares, dont 10 sur Lué. Celui de la Tuffière ne lui cède pas en importance et les vignes du bourg, de la Galaizière, du Tertre, etc., réunies, font un groupe aussi étendu que l'un des précédents.

Le mildiou fait alors son apparition et les grands propriétaires se mettent à sulfater. Nouvelles clameurs (la routine ne perd jamais ses droits) : « On va empoisonner le vin ! »

L'oïdium n'était pourtant déjà pas un inconnu dans les vignes blanches, mais on en gémissait sans employer régulièrement le soufre pour le combattre.

A son tour, le phylloxéra vint modifier radicalement l'état des choses. Et, quoique les fortes têtes aient commencé par nier son existence, ce qui ne l'empêchait pas de détruire les vignes, la commune fut définitivement

(1) Cette innovation ne manqua pas de faire crier.

autorisée, en 1897, à importer *officiellement* les plants étrangers. Une très grande partie des anciennes vignes a dû être arrachée et le travail de reconstitution a été entrepris avec tous les tâtonnements inhérents à ce genre d'opération. On s'est mis bravement à l'œuvre, plusieurs habitants de la commune ont obtenu leur diplôme de maîtres greffeurs et même on a essayé les plants dits *producteurs directs*, ces fameux oiseaux bleus dont chacun rêve et que personne n'a encore vus — du moins à l'état de perfection. En moins de dix ans, le désastre était complet. A peine çà et là quelques parcelles sont restées indemnes, ce qui a fait croire à certains qu'ils pouvaient essayer de replanter les anciens cépages francs de pied, tentative vouée à un échec certain.

Heureusement, le bon sens général empêcha de se laisser trop piper aux boniments des charlatans qui offraient mille et un remèdes, tous infaillibles, contre l'insecte ravageur.

Actuellement, après quelques hésitations et quelques écoles, comme, par exemple, de planter des pieds de vigne devenue sauvage et rencontrés çà et là dans les haies, ou d'acheter des cépages, merveilleux sur les affiches, détestables en réalité — tel le Pouzin, pour lequel on fit, pendant quelque temps, une réclame effrénée — on est revenu à une appréciation plus saine des faits et quelques propriétaires ont déjà, dans leurs pépinières, des pieds mères d'espèces réellement pratiques et bonnes à greffer (la Perraudière, la Galaizière, le Tertre, la Tuffière, etc.). On a renoncé à la greffe en fente pleine, soit en place, soit en pépinière, et le seul procédé employé est la greffe-bouture en fente anglaise qu'on fait raciner un an en pépinière avant de planter en place.

On a aussi fait des plantations à forfait. L'entrepreneur se charge des défoncements, plante la vigne, fait les façons et remplace les manquants, de manière à livrer la vigne en production au bout de trois ans. Ce système est fort coûteux et, en terrain difficile qu'il faut défoncer à la main, revient à près de 4.000 fr. l'hectare. Il est plus économique, quand on le peut, de faire soi-même chez soi les greffes avec des greffons qu'on choisit à loisir et sur des bois récoltés sur les pieds-mères qu'on possède. De cette façon, on est sûr de ce qu'on fait et de l'authenticité des espèces employées, ce qui n'arrive pas toujours avec les plants achetés n'importe où.

PORTE-GREFFES USITÉS :

Riparia gloire, peu et seulement en bonnes terres ;
Rupestris du Lot ;
Aramon $\times$ Rupestris Ganzin n° 1 ;
Gamay-Couderc 3103 = Colombeau $\times$ Rupestris ;
Riparia $\times$ Rupestris 3309. Le Solonis a été essayé, puis délaissé.
A l'étude : Mourvèdre $\times$ Rupestris 1202 et Cabernet $\times$ Rupestris 33A².

PRODUCTEURS DIRECTS :

Othello ; — Pouzin = Clinton ; — Alicante $\times$ Rupestris Terras n° 20 ; — Croton (blanc) ;
Chasselas $\times$ Rupestris 4401 ; — Hybride franc, etc., Auxerrois $\times$ Rupestris ;

CÉPAGES :

Blancs : Chenin blanc ; — Pineau de la Loire et Pineau pointu de Savennières et quelques Gamay blanc ;
Rouges : Chenin noir, Côt, Malbec, Gamay de Beaujolais et ses sélections, *Gros Lot de Cinq-Mars*, Portuguais bleu, Teinturier, Gamay de Bouzé, Cabernet, etc.

Le greffage ayant pour effet de hâter la maturité, il y a quelque lieu d'espérer que les plants de deuxième époque pourront arriver à mûrir et que ceux de première gagneront en qualité.

Voici des analyses de vins rouges récoltés à Lué :

	Alcool	Extrait sec	Cendres	Sucre réduc-teur	Sulfate de potasse	Déviation sacchari-métrique	Acidité totale	Tartre	Tannin
1888 année moyenne.	8°,4	22ᶢ12	2,76	1,35	0,40	0,8	?	?	?
1892 année mauvaise.	7°,6	20ᶢ4	3,20	1,21	0,12	?	6,32	3,22	1,08

Autrefois, on ne pouvait vendanger avant la publication du Ban de vendanges ; cet usage est aboli.

Les lies et marcs sont utilisés pour la distillerie, qui est très grossièrement faite.

Au sortir de l'alambic, les marcs sont presque toujours jetés au fumier au lieu de les faire consommer par les animaux.

Les façons culturales sont restées à peu près les mêmes qu'autrefois, mais le travail à la charrue a remplacé le travail à la main. On emploie la Bouillie bordelaise contre le mildiou (2 ou 3 traitements) et le soufrage contre l'oïdium dans les vignes blanches ; enfin, mais non partout, les badigeonnages d'hiver. Les petits propriétaires eux-mêmes, après avoir longtemps hésité, ont, en majorité, suivi le mouvement. La taille est à trois nœuds et consiste à laisser à chaque branche trois boutons dont celui de base qu'on nomme la *borjure*, ou bien la taille Guyot dite *à queue*. La plus répandue est la taille en tête de saule où on laisse trois ou quatre branches sur le tronc, suivant l'âge de la vigne et la qualité du terrain. Ces tailles doivent être achevées le 1ᵉʳ avril au plus tard.

L'ébourgeonnement ou *effeuillage* se fait avant la floraison de la vigne. Les échalas sont en sapin (pin maritime), châtaignier ou acacia, leur longueur moyenne est de 1ᵐ,45. Quelques vignes sont sur fil de fer — ce sont les plus importantes — et d'autres n'ont aucun support.

On n'a pas signalé jusqu'ici de ravages sérieux causés par le Black-Rot ou l'Anthracnose. La Cochylis existe mais n'est pas regardée comme bien redoutable. Mais le beau temps est passé où la vigne, créée à peu de frais, donnait avec peu de soins une abondante récolte. On estimait alors bonne une récolte de 1 à 2 barriques à la boisselée d'un petit vin frais, fruité et peu coloré..

Le Broussin a été signalé çà et là.

Le grapillage, non plus que le glanage, n'est presque pas pratiqué.

ÉLEVAGE ET ANIMAUX DOMESTIQUES

La quantité de gros bétail que doit posséder un fermier est calculée à raison d'une tête par 75 francs de location. Sont seuls considérés comme gros bétail : les bœufs, vaches, taureaux, génisses et chevaux âgés de 2 ans au moins. Toutefois, 2 élèves ou 3 porcs ou 4 moutons comptent pour une tête de gros bétail.

Race bovine. — Quelques arriérés ont seuls conservé l'ancienne race, petite, rustique, mais n'ayant pas d'aptitude à la production de la viande. Grâce à la création de prairies artificielles, à l'établissement de fermes modèles, dont il a existé une à Sermaise et une autre à Chaumont, celle-ci dirigée par son propriétaire, grâce aussi à l'influence du Comice agricole de Seiches, la race s'est améliorée par l'introduction du sang Durham et Manceau. On trouve aussi souvent des animaux ayant des traces évidentes de sang Choletais ou Cotentin. La taille a grandi et l'élevage a fait de notables progrès. Dans une ferme bien tenue d'environ trente hectares, on vend chaque année une ou deux paires de bœufs de 4 à 5 ans et l'étable comprend : quatre paires de bœufs s'attelant, de 2 à 5 ans, quatre paires d'élèves destinés à remplacer les précédents, cinq à six mères vaches et parfois un taureau. Les veaux sont élevés en plus grande quantité que par le passé. On a le tort de les sevrer trop tôt, d'après l'usage, ils ne doivent pas l'être avant l'âge de trois mois. Les petits cultivateurs ont deux ou trois vaches qu'ils attellent et avec lesquelles ils labourent. Quelquefois un particulier fait abattre chez lui un animal dont il vend la viande aux environs. Cela arrive surtout en cas d'accident ou lorsqu'on ne trouve pas les prix qu'on veut d'une bête. On ne pratique pas l'engraissement dit *fin gras*, avant de vendre les bestiaux ; ils partent de l'étable demi-gras, pour aller directement à la boucherie, ou sont vendus maigres aux Vendéens et Normands, qui les engraissent dans leur pays. On tient trop les bêtes à l'étable et la quantité de boisson qui leur est donnée (surtout aux vaches laitières) est insuffisante. Dans les mauvaises années, quand les choux ont manqué, pendant la période d'hibernation la nourriture de l'étable se réduit au fourrage sec, si on n'a pas fait de provision de racine (betteraves fourragères), dont la culture devrait prendre de l'extension de même que la culture et l'ensilage du maïs fourrager. L'exemple de cette dernière pratique a été donné mais n'a pas encore trouvé d'imitateurs. Du reste, quand on sème le maïs, on s'obstine à le semer *en foule* au lieu de le mettre en lignes, ce qui fait qu'il reste moitié plus petit qu'il ne serait si on avait soin de le *gorger* à la charrue quand il atteint 25 à 3o centimètres de haut. Les jeunes animaux reçoivent des *buvées* ou barbotages à la graine de lin ou au son de blé.

Une maladie particulière à la race bovine et attribuée à la nature des fourrages, poussés sans doute en terrain trop calcaire, est assez fréquente et l'était encore plus, avant que les prés aient été traités aux engrais chimiques. L'animal *encordé* fait le gros dos, ses articulations sont raides et, quand on prend la peau sur les flancs et qu'on la soulève, on l'entend craquer sous la main. La fièvre aphteuse n'est pas inconnue, mais n'a pas jusqu'ici sévi très gravement. On en peut dire autant de la tuberculose.

Race chevaline. — Quand l'étendue de l'exploitation le permet, on a une ou deux juments que l'on fait saillir par des étalons rouleurs, plutôt que par ceux du haras. On reproche à ceux-ci de n'être pas assez étoffés. Somme toute, la production et l'élevage du cheval sont fort négligés et aucune méthode ne préside au choix des animaux reproducteurs. Aussi la Commission de classement des chevaux ne trouve-t-elle, pour ainsi dire à Lué que des animaux impropres au service de l'armée. La Remonte n'y trouve rien. On est peu familiarisé avec les chevaux ; ainsi, tandis qu'on voit en Beauce un seul homme conduire jusqu'à quatre et cinq chevaux entiers, traînant chacun sa herse, ici il faut deux hommes, l'un à l'outil, l'autre à la bête, pour travailler avec une petite houe attelée d'un pacifique animal, cheval hongre ou jument (1). Si, plus tard, le goût des cultivateurs se tournait du côté de la production chevaline, il semble que le type du cheval de trait léger, propre à la remonte de l'artillerie, devrait être celui qu'il conviendrait le mieux d'adopter.

Race ovine. — N'est pour ainsi dire pas représentée dans la commune. Il n'y a pas non plus de chèvres, sinon à l'état d'individus isolés.

Race porcine. — Le Baugeois a toujours été renommé pour l'élevage et la production des porcs. Le marché de Baugé, qui se tient chaque semaine, le vendredi, est important pour le commerce de ces animaux. La race est assez près de la magnifique race craonnaise, mais lui est pourtant inférieure. Elle donne une viande qui n'est pas chargée de graisse comme celle des races anglaises, et qui sert de base à l'alimentation des gens de la cam-

(1) Cependant, depuis quelques années, on voit employer la charrue demi-Brabant.

pagne qui en consomment la majeure partie sous forme de rillettes.

Les porcelets appelés *laitons* reçoivent outre le lait de la mère, du lait écrémé ou non et le petit lait sortant de la baratte après qu'on a fait le beurre. Mâles et femelles, à l'exception de ceux qui sont conservés pour la reproduction, sont *coupés* à quelques semaines. En grandissant, les jeunes animaux prennent le nom de *courards*. Ils sont engraissés et tués ou vendus à l'âge de 10 à 15 mois. Leur nourriture, pommes de terres, choux, farine d'orge, etc., est cuite dans des chaudières ad hoc, du type buanderie du commerce, qui servent aussi à faire cuire des buvées chaudes pour les veaux et les vaches fraîches vêlées. Ils ne vont pas aux champs ou à la glandée et restent continuellement dans leurs toits devant lesquels existe parfois une cour fermée appelée *Jars*. On les y met seulement le temps de changer leur litière. La nourriture leur est donnée dans des auges en bois, en pierre ou en fonte et l'on reproche à ces dernières de la laisser trop vite refroidir. On préfère pour la consommation les animaux jeunes et de moyenne taille, pesant environ cent kilogs, tués quand ils sont à moitié gras, aux bêtes plus âgés, plus lourdes et poussées à la graisse.

Un homme fait métier de venir saigner les porcs à domicile. L'animal est égorgé de bon matin, échaudé et étendu éventré sur une échelle. On a recueilli son sang pour le manger fricassé dans la poêle avec force oignons, ou en faire du boudin. Les morceaux découpés et la tête sont mis avec du sel dans le charnier ébouillanté et aromatisé au genièvre fraîchement coupé. On retire ensuite ces morceaux au fur et à mesure des besoins du ménage en commençant par la tête. Les jambons sont mis à fumer dans la cheminée. Enfin on fait avec des petits morceaux gros comme la moitié du poing — la plus grande partie du porc est ainsi souvent traitée — des rillaux qui cuisent

dans la graisse bouillante (on y met la langue, les rognons
et la rate) et des rillettes conservées dans des pots de
grès sous une couche de saindoux et de sel. Les rillettes,
fort appréciées, se mangent froides. On peut facilement
les emporter dans les champs au moment des grands
travaux, quand les hommes ne rentrent pas à la maison
pour le repas de midi, ou quand ils travaillent au loin
dans les autres saisons.

Basse-cour. — Ce sont surtout les poules communes
qui constituent la basse-cour de la ferme et du petit propriétaire. La race à plumage noir se rapproche de celle
de la Flèche, mais on ne fait ni chapon ni poulardes. Les
poules dont la crête offre les traits distinctifs de cette
race sont dites : *Cornettes.* On élève très peu d'oies,
quelques canards, quelques pigeons, le tout de race indé-
finie. Il y a chez quelques cultivateurs un petit élevage
de lapins.

Apiculture. — On a d'autant plus facilement quelques
ruches que l'on capture assez souvent des essaims échappés
de vieilles souches où les abeilles ont élu domicile. Le
miel est fort employé dans les remèdes administrés aux
animaux malades. On est encore dans l'usage barbare
d'étouffer l'essaim quand on veut avoir la cire et le miel
et les ruches, plus que primitives, sont faites de planches
clouées en forme de boîte longue et étroite, posée sur
quelque pierre plate. On ignore la ruche à cadre, les
extracteurs et tout le matériel de l'apiculture moderne,
qu'un seul propriétaire a essayé timidement.

INSTRUCTION GÉNÉRALE AGRICOLE

Le nombre des illettrés est faible, chacun et chacune
ayant fréquenté l'école primaire, à l'exception de quelques
personnes âgées, ou d'enfants arriérés ou abandonnés.
Mais après l'école la pratique de la lecture et de l'écriture

est assez délaissée pour qu'il soit fréquent de voir des gens qui ne savent plus guère que signer leur nom, et même dans les actes d'état-civil la mention *a déclaré ne savoir signer*, se retrouve souvent. On lit peu, sauf les journaux locaux hebdomadaires et quelques numéros du *Petit Journal*. Quant à l'instruction agricole théorique, rien n'existe à Lué qui s'y rapporte et ce ne sont pas les leçons d'agriculture insérées dans les programmes officiels de l'école primaire qui pourront donner à la jeunesse un enseignement qu'elle reçoit par la pratique journalière. Il a été fait des cours de greffage de la vigne dans une commune voisine (Bauné); plusieurs habitants de Lué les ont suivis et ont obtenu leur diplôme de maître greffeur. L'initiative privée d'un propriétaire a institué en 1892 un champ de démonstration pour l'application des engrais chimiques comparés à celle du fumier, suivant la méthode de G. Ville, il avait obtenu les résultats suivants, d'après les compte-rendus du *Bulletin du Syndicat agricole d'Anjou:*

	PARCELLES	Pommes de terre	CHANVRE mâle pesé vert	Chènevis	Teille	Sarrazin grain
1	Fumier 60.000 kil......	18.200	25.500	750	745	1.505
2	— 30.000 kil......	20.000	27.500	650	755	1.630
3	Engrais complet........	30 500	28.000	1.350	850	1.385
4	— sans azote......	23.100	25.500	560	850	930
5	— sans phosphate .	24.400	40.500	820	1.177	1.705
6	— sans potasse....	25.400	40.000	1.250	1.000	1.605
7	— sans chaux.....	24.300	40.000	1.170	1.000	1.085
8	— azote seul......	22 000	29.500	550	712	905
9	Rien...............	18.500	21.800	385	775	1.420

RENDEMENTS A L'HECTARE

Prairies : 1892

Engrais complet.
- Superphosph. $^{14}/_{16}$ 400 k.   31 20
- Nitrate de potasse.   200 k.   95 80
- Sulfate d'ammon.   250 k.   81 »»
- Plâtre..........   350 k.   7 »»
-      1200 k.   215 »»

Récolte en vert : 60.500 kil.

Sans engrais........................... 20.500 kil.

Différence + 40.000 kil.

BLÉ (1892)

	RÉCOLTE			PRIX de l'engrais	
	Poids brut	Grains	Paille		
Superphosphate seul.........	3.400	1.200	2.200	32 50	
Superphosphate à l'automne et nitrate en couverture au printemps........	4.300	1.450	2.850	106 »»	Bénéfice
Différence.......	+ 900	+ 250	+ 650	+ 73 50	23 f. 50
		= 52 f.	= 45 f.	= 97 »»	

BETTERAVES (1901)

	ÉCARTEMENT des lignes	ÉCARTEMENT sur la ligne	VARIÉTÉS	POIDS de la récolte
1	0ᵐ40	0ᵐ25	Géante rose demi-sucrière..	49.500
2	0ᵐ50	0ᵐ50	Jaune géante des Barres...	50.100
3	0ᵐ40	0ᵐ25	Jaune géante des Barres...	60.600
4	0ᵐ50	0ᵐ50	Géante rose demi-sucrière..	48.200
5	1ᵐ00	0ᵐ50	Jaune géante des Barres...	33.000

30.000 kil. de fumier. — Semis sur place. — Végétation 150 jours

COMPOSITION DES RACINES

Rose demi-sucrière à 0ᵐ40 sur 0ᵐ25		*Ovoïde des Barres* à 0ᵐ50 sur 0ᵐ50
Matière sèche..........	14.4	8.9
Sucre	6.1	5.0
Rendement à l'hectare..	49.500	50.100
Matière sèche..........	6.998	4.792
Sucre	2.964	2.445

Rose demi-sucrière à 0ᵐ50 sur 0ᵐ50		*Ovoïde des Barres* à 0ᵐ40 sur 0ᵐ25
Matière sèche..........	10.8	9.7
Sucre	9.9	7.3
Rendement à l'hectare..	48.200	60.600
Matière sèche..........	5.225	5.878
Sucre	4.771	4.423

BLÉ JAPHET ET BLÉ DE SAINT-LAUD (1903)

	GRAIN	PAILLE
Blé Japhet semé en lignes................	4.300	6.150
Gris de Saint-Laud semé en lignes.	3.120	6.200
Gris de Saint-Laud semé à la volée........	2.850	5.750

Rendements à l'hectare calculés d'après des parcelles de 1 are, cultivées d'après les indications de M. Dehérain.

OBSERVATION. — Ces rendements sont supérieurs à ceux qu'on pourrait obtenir en grande culture, mais ils prouvent quelle grande amélioration ce serait que d'employer les semoirs mécaniques et de les substituer à l'ancienne méthode de l'ensemencement à la volée.

(Voir article du *Bulletin du Syndicat Agricole d'Anjou* rendant compte de cette expérience avec détail.)

Les prescriptions préfectorales concernant le hannetonnage, l'échenillage, l'enlèvement du gui ne sont pas appliquées. Il reste trop de pierres dans les champs.

INDUSTRIES RURALES

Alliance des travaux agricoles et industriels, petite industrie, industrie agricole, industries accessoires. — Il n'y a pas, à proprement parler, d'industrie agricole à Lué. Depuis peu se sont installées dans des communes voisines des beurreries, mais l'usage n'est pas d'y porter le lait, qui est livré directement à leurs voitures venant le chercher à domicile. Les machines employées pour le battage des céréales et les locomobiles qui les mettent en action sont louées ensemble et viennent aussi de communes voisines. Un homme possède un trieur avec lequel il va travailler à domicile; il est payé à raison de 5 francs pour 100 boisseaux au trieur mécanique et il a remplacé

l'ancien *greleur* qui faisait ce travail au tamis à bras et
n'était payé que 2 fr. 5o pour la même quantité. A-t-on
besoin d'un alambic pour faire l'eau-de-vie, c'est encore
hors de la commune qu'il faut l'aller chercher. On porte
à Milon ou à Jarzé les noix pour en faire extraire l'huile.
Nous avons vu à la répartition par profession que les
métiers indispensables à l'agriculture avaient en général
des représentants locaux; toutefois on n'y trouve ni
couvreurs ni charpentiers établis et pour ces métiers on
doit recourir une fois de plus aux communes voisines.

SALAIRES ET MAIN-D'ŒUVRE

*Abondance ou rareté de la main-d'œuvre, salaires en
argent ou en nature suivant les saisons et les emplois.*
— On se plaint, à juste titre, de l'abandon des campagnes
et des difficultés toujours croissantes que l'on éprouve à
trouver de bons domestiques agricoles. Les exigences de
ceux-ci vont toujours en augmentant, de sorte qu'il n'est
pas exagéré de dire que, sous ce rapport, l'avenir se pré-
sente sous des couleurs peu riantes. Cette question des
domestiques et journaliers est pourtant d'une importance
si grande qu'il convient de la traiter avec quelque détail.

L'année de louage commence à la Saint-Jean (24 juin);
il est d'usage de donner des arrhes, dont la remise doit
être effectuée pour parfaire le contrat. Ce denier à Dieu
varie de 5 à 10 fr. et est en sus du gage convenu.

Les conditions et usages réglant le contrat de louage
sont longuement et minutieusement énoncées dans le
recueil des usages locaux du canton de Seiches déjà cité,
de sorte qu'il n'y ait guère de contestation à ce sujet qui
ne soit prévue et résolue. Les enfants qui restent avec
leurs parents et les servent comme s'ils étaient domestiques n'ont droit de réclamer d'eux ou de leurs héritiers

aucuns gages ni salaires, à raison de leurs services à la
(maison paternelle, à moins de conditions contraires,
passées avec des enfants majeurs et qui doivent être
prouvées.

C'est probablement en conséquence de cet usage que
les enfants cherchent à se placer tout jeunes pour gagner
de suite, mais il est incontestable que l'esprit de famille
en souffre.

La journée de travail varie suivant l'époque de l'année
et le genre de travaux. Pour les faucheurs, les moisson-
neurs et moissonneuses, la journée commence à quatre
heures du matin et finit à huit heures du soir, les interruptions pour les repas et la sieste (méridienne) ont lieu
de neuf heures à neuf heures et demie du matin, de midi
à deux heures et de quatre heures à quatre heures et demie
du soir.

Pour les journaliers et journalières, laveuses, etc., la
journée commence en été à cinq heures, en hiver à sept
heures et finit à huit heures ou quatre heures et demie.
Mêmes interruptions en été que ci-dessus. En hiver,
interruption de onze heures à midi seulement. Les lingères et couturières commencent la journée à sept heures,
en été, à huit heures en hiver et la terminent à huit
heures ou à cinq selon la saison, avec interruption de
midi à une heure et demie en été ; en hiver de midi à
une heure seulement.

Les salaires sont toujours payés en argent, au moins en
principe, quelle que soit la saison et quel que soit
l'emploi.

Louages d'industries. — Le battage des grains, le
fauchage des prés, la façon des vignes et la distillation
des eaux-de-vie donnent lieu à ces locations. Lorsque le
battage a lieu avec une machine à vapeur, l'entrepreneur
fournit deux hommes : le mécanicien et l'homme qui
engage les gerbes, nommé *engraineur ;* les autres aides

sont fournis par le propriétaire, fermier ou colon, qui doit en outre faire provision de l'eau nécessaire à l'alimentation de la machine et l'amener à portée de celle-ci. Il va, en outre, chercher la machine ou la conduit, après la batterie faite, au lieu où elle doit travailler ensuite, les risques du transport lui incombant.

L'entrepreneur de battage est nourri et logé, lui et ses ouvriers. Les voisins qui viennent prêter leur concours pour la batterie sont nourris, mais non logés. L'entrepreneur est payé soit en argent, à raison de sept à neuf francs l'heure, selon la longueur de la paille, soit en nature et reçoit alors trois à cinq doubles décalitres de blé pour cent doubles décalitres battus.

On fait un repas le matin au réveil (soupe), on mange une bouchée vers neuf heures (pain et rillettes), puis, à midi, le dîner composé de soupe, viande, légumes ; à quatre heures, encore un morceau et enfin, à la nuit, le souper analogue au dîner de midi. Pendant tout le travail, un barillet de boisson ne cesse de circuler parmi les travailleurs qui, tour à tour, lui donnent l'accolade.

Le façonnage des vignes complet est payé de 16 à 20 fr. par quartier (16 ares 47). Le fauchage des prés à raison de 2 fr. 50 par 16 ares 47 de pré fauché ; le fanage et la mise en meule restent à la charge du propriétaire. Ce n'est que dans ces dernières années qu'on a vu employer les faucheuses mécaniques, auxquelles ces prix ne sont pas strictement appliqués. L'introduction des machines agricoles deviendra certainement un fait de plus en plus fréquent et sera un résultat de la rareté de la main-d'œuvre, de sorte qu'il est vrai de dire que la main-d'œuvre rare introduit la machine et non que l'apparition de la machine raréfie la main-d'œuvre. Il existe à Lué des faucheuses, moissonneuses, mais point encore de semoirs mécaniques.

Pour la confection des eaux-de-vie, on va chercher et

on reconduit l'alambic, on fournit le bois de chauffage et on nourrit le brûleur.

Les prix usités sont les suivants pour le personnel agricole :

1º Domestiques gagés à l'année :
Hommes, 35o fr. (nourris), 65o fr. (non nourris) ; — Femmes, 24o fr. (nourries), 5oo fr. (non nourries) ;
2º Journaliers :
Hommes, 1 fr. 75 (nourris), 2 fr. 75 (non nourris) ; — Femmes, 1 fr. (nourries), 1 fr. 75 (non nourries) ;
3º Marchandés du 24 juin au 1er novembre :
Hommes (nourris), 200 fr.
4º Moisson :
Hommes, 2 fr. 5o (nourris), 3 fr. 25 (non nourris) ; — Femmes, 1 fr. 5o (nourries), 2 fr. 25 (non nourries) ;
5º Faucheurs :
3 fr. (nourris), 5 fr. (non nourris) ;
6º Travaux à l'heure :
Jour, o fr. 25 ; nuit, o fr. 35 (non nourris).

Les personnes, qui ont actuellement passé la soixantaine, se souviennent fort bien du temps où des enfants de 13 à 14 ans se louaient comme pâtours ou vachers au prix de 25 à 3o fr. pour un an. L'Assistance publique demande aujourd'hui, pour ses pupilles du même âge un prix minimum de 65 fr.

On fait aussi souvent exécuter des travaux au marchandage (ou à forfait) et même le travailleur de Lué aurait une préférence pour ce genre de marché qui lui laisse un aléa de gain relativement important à réaliser *si le chantier est avantageux* ; d'autant que si, au contraire, il juge avoir fait un marché de dupe, il abandonne le travail sans scrupule, sachant que d'ordinaire on ne le poursuivra pas pour manque de parole, tout s'étant passé dans la conclusion du traité, verbalement et sans témoin.

Est-il besoin de dire qu'en cas de travail entrepris dans ces conditions, l'ouvrier devance l'heure de l'arrivée et retarde celle du départ du chantier, tandis que c'est tout le contraire quand les travaux sont payés à la journée.

On traite également *aux pièces* pour la fabrication du bois, ainsi qu'il a été dit.

CONDITIONS DU PERSONNEL AGRICOLE

Propriétaires, fermiers, métayers, ouvriers ; habitation, vêtements, nourriture ; jeux, sociétés. — Les habitants de Lué sont logés sans aucun luxe, mais d'une façon convenable. On ne voit pas dans leurs maisons de ces meubles vernis, cirés et brillants, ni de vaisselles peintes rangées sur des dressoirs et pas davantage la grande horloge dans sa boîte de noyer avec balancier doré figurant le soleil, comme il y en a tant en Normandie ou dans la Maine, mais les logis n'ont pas non plus l'aspect sordide des maisons bretonnes. C'est encore, nous semble-t-il, un des signes auxquels se reconnaît facilement que la population déménage volontiers, car lorsqu'on ne se croit pas installé à demeure en un lieu, on s'intéresse moins à le meubler d'une façon confortable et définitive. Les lits sont garnis de draps avec couvertures de laine et couvre-pieds piqués qu'on appelle parfois matelas. Le grand luxe est d'avoir un, parfois deux, matelas de plumes (couettes) et de coucher directement dessus ou entre les deux. Ceux qui ne peuvent s'offrir ce sybaritisme couchent sur un matelas de laine. On fait des paillasses avec une graminée qui pousse dans les bois et qu'on appelle *guinche* et aussi avec de la paille. L'oreiller est de plume ou de laine. Quelquefois le lit est garni de rideaux de serge verte ou d'étoffe à ramages, plus souvent il manque de cet ornement. Au-dessus de la cheminée sont appendues quelques enluminures, des photographies de membres de la famille, jeunes mariés, soldats, etc.; à côté, des certificats de bonne conduite rapportés du régiment ou bien quelque brevet, diplôme ou certificat d'études primaires ou d'agriculture. Dans presque toutes les maisons, quelques images de piété, statuettes de la sainte Vierge ou un crucifix complètent la décoration de la salle dont les murs sont blanchis à la chaux. Souvent un mauvais fusil est accroché au-dessus de la cheminée ou dissimulé dans un coin. Le mobilier est resté ce qu'il était autrefois. Tables, chaises, bancs, armoires et quelquefois commode pour serrer les vêtements, huche à pain servant aussi de pétrin, ustensiles de cuisine très simples et vaisselle à l'avenant, tout cela a été décrit dans la première partie. L'usage des cuillers et fourchettes en fer battu est répandu partout. Cette description s'applique aussi bien au ménage du petit propriétaire qu'à celui du fermier, du métayer ou du journalier. Seulement les uns sont chez eux et les autres ne sont que locataires. Une chambre manable, non meublée, avec cheminée, se loue de 20 à 30 francs par an. L'usage des fosses d'aisances n'est qu'exceptionnel. Les vêtements et les costumes n'ont pas subi d'autres modifications que celles qui se sont produites dans toutes les campagnes. Aux anciennes étoffes grossières, mais inusables et fabriquées dans le pays même, se sont substitués des tissus de manufactures, d'aspect plus séduisant à l'état neuf, mais loin de présenter la même solidité. A moins d'être très pauvres, les hommes ont tous une redingote et un pantalon de drap, qu'ils revêtent pour les cérémonies telles que mariages, enterrements et services anniversaires — ceux-ci sont fort en usage dans toute la région. Ils arborent pour ces graves circonstances le chapeau à haute forme ou le chapeau melon. On porte aussi la blouse bleue, descendant jusqu'aux genoux. Ce vêtement se porte surtout par-dessus les autres, pour aller aux foires et marchés. Beaucoup de personnes ont une montre. Les femmes n'ont que peu ou point de bijoux et les amateurs de curiosités, en fait de vieux meubles, vieux ustensiles et vieux costumes, n'ont jamais pu faire ici que de bien maigres récoltes, si tant est qu'ils y aient même jamais rencontré quelque chose. Exceptons-en pourtant les ravageurs d'églises, qui purent acquérir — sans doute au poids — un crucifix remarquable, en cuivre, qui appartenait à l'église de Lué. Cet acte de vandalisme fut commis dans la première moitié du xixᵉ siècle et nous ne savons où est actuellement cette pièce, qui fut fort remarquée à une exposition d'objets d'art. Il faisait alors, dit-on, partie de la collection Mordret.

L'alimentation s'est améliorée, d'abord par la suppression du seigle ou de l'orge, qui jadis entraient dans la composition du pain (actuellement il existe deux dépôts de pain à Lué), puis par une augmentation assez notable de la consommation des éléments nutritifs azotés, œufs, volailles, lait, beurre et même viande de boucherie dont on achète de temps à autre, suivant son degré d'aisance, un morceau ; mais ce n'est pourtant qu'à titre exceptionnel que l'on se départit de l'habitude qui est, en fait de viande, de recourir plutôt au saloir. Les maîtres de fermes se plaignent que les journaliers et domestiques deviennent difficiles à satisfaire pour la nourriture ; parfois même, on trouve des gens qui font la petite bouche devant le traditionnel morceau de lard aux choux, régal de leurs ancêtres. La base de l'alimentation n'en est pas moins restée la soupe au beurre avec légumes, carottes, oignons, choux, haricots, poireaux, pois et pommes de terre suivant la saison. Les journaliers l'emportent aux champs et la mangent au coin d'une haie, puis la font suivre d'un morceau de pain sur lequel on étend du beurre ou des rillettes, à moins qu'on ait un œuf ¦dur ou une omelette à y joindre. En été surtout la salade verte ou les pommes de terre sont consommées avec plaisir et quelquefois une sardine salée entrera dans la composition du menu, en remplacement d'un des mets précités. A la saison des fruits, on en mange toujours quelques-uns comme dessert. La boisson est encore assez fréquemment de l'eau ; mais, surtout à l'époque des grands travaux, on boit du petit vin plus ou moins baptisé ou de *la boisson* faite surtout de fruits macérés et fermentés comme il a été déjà dit. Pour les grandes circonstances, et en particulier pour la batterie, on fait un ragoût de viandes, volailles, lapins, etc., et, s'y il a lieu d'introduire pour les fêtes et repas de gala la pâtisserie, elle se compose presque invariablement d'une sorte de pâte aigrelette que tous les boulangers fabriquent sous formes de petits pains ronds ou allongés ; ces derniers prennent le nom de *navettes*. Aux noces même on va jusqu'au gâteau de Savoie qui accompagne *la millère*, bouillie de mil et de lait, à laquelle on substitue depuis quelques années parfois le riz au lait. Il y a des personnes qui ont pris l'habitude du café, mais c'est encore une exception.

On sait faire un laitage en laissant égoutter du lait sur des pailles serrées et surtout en retirant de la baratte la crème au moment où elle va tourner en beurre et l'on obtient ainsi, après l'avoir égouttée dans des petits paniers coniques garnis de mousseline, les *crémets* qui sont une friandise des plus exquises. Mais toutes ces délicatesses ne sont pas d'usage courant. Dans les ménages on conserve assez ordinairement quelques pots de confitures à l'usage des malades.

On a pu remarquer le nombre très restreint des auberges et débits de boisson de Lué ; la cause en est surtout qu'il existe au bourg deux *sociétés* avec jeux de boules couverts dont l'un est éclairé à l'acétylène. Ces sociétés, soumises à la même législation que les cercles

urbains, ont un règlement intérieur et constituent des
réunions comptant comme adhérents la presque totalité
des adultes. Bon nombre même s'inscrivent aux deux
sociétés. Moyennant une faible cotisation annuelle, les
sociétaires peuvent venir jouer ou consommer. Le vin est
acheté par une commission déléguée par la société à cet
effet, mis en bouteilles par ses membres, désignés à tour
de rôle et formés pour cela en *sections*, et débité par le
concierge au prix fixé par les sociétaires.

C'est, le dimanche surtout, le lieu de rendez-vous des
joueurs et buveurs ; l'enjeu des parties consiste toujours
en bouteilles de vin, bière ou limonade gazeuse. Quant
au jeu lui-même, imaginez une piste de terre, dont le
fond d'argile, soigneusement corroyé et uni est sablé
par-dessus. Elle forme un rectangle de vingt mètres
environ de longueur sur six ou sept de large, terminé
aux deux bouts par des planches posées de champ. Les
grands côtés sont en plan incliné, de même nature que le
fond avec lequel ils se raccordent en arc de cercle. Les
joueurs, divisés en deux camps, font rouler sur cette aire
des boules non pas rondes, mais aplaties et évidées à
l'un des pôles. Elles roulent sur leur plus grande circonférence, cerclée de fer, de sorte que, lancées sur la bande
latérale du jeu, elles décrivent toujours une courbe d'autant plus accentuée que la vitesse est moins grande. Ces
boules, nommées *boules de fort*, demandent une réelle
habileté de la part du joueur, qui n'en a qu'une seule,
pour venir se placer, après avoir roulé sur le plan incliné
des bandes et sur le fond plat, le plus près possible du
but, qui consiste en une boule plus petite, de bois non
cerclé de fer et qu'on nomme *le maître*. Les sociétés s'in-
terdisent les jeux de hasard, les discussions politiques
ou religieuses et ne reçoivent pas de journaux.

Au moment du carnaval, les Sociétés vont tirer le
Pavois, qui est une cible de bois, plantée dans un champ

et sur laquelle les tireurs viennent exercer leur adresse avec les armes et les munitions qu'ils apportent. Le vainqueur est celui qui a mis sa balle le plus près du centre. Il rapporte chez lui, en triomphe, le pavois qu'il a conquis et le cloue au pignon de sa maison en souvenir de sa victoire. Il y a en outre d'autres prix en argent ou en nature pour les concurrents qui ont le plus approché du but.

On aime assez à se réunir le soir en hiver pour les veillées pendant lesquelles on s'occupe à casser des noix, à trier des haricots, à tresser des paniers ou à quelque autre besogne qu'on puisse faire assis et en devisant. A la maison d'école, les jeunes filles se réunissent ainsi jusqu'à leur mariage et à ces veillées on chante, on cause ou on joue aux jeux innocents.

Il n'y a point à Lué de fête annuelle patronale, contrairement à l'usage des communes voisines où ces réunions ont lieu sous le nom d'*Assemblées* et attirent quelques marchands forains étalagistes.

RÉSULTATS ÉCONOMIQUES

Prix de revient et de vente des denrées agricoles. — La difficulté d'établir sur des bases sérieuses des calculs de prix de revient des denrées agricoles est si grande que nous aurions peut-être reculé devant un semblable travail, ne voulant pas nous borner à copier sans contrôle des chiffres donnés ailleurs, si nous n'avions eu l'heureuse chance de pouvoir contrôler des résultats, qui sont le fruit de nos propres études, par ceux qu'ont publiés dans le *Bulletin du Syndicat Agricole* deux agriculteurs dont la notoriété et la compétence ne laissent rien à désirer : le R. P. Cellerier de la Trappe de Bellefontaine et M. le Duc de Plaisance. Tous deux ont étudié la même question en des points du département où les conditions générales sont assez semblables à celles de notre commune pour qu'on puisse rapprocher les résultats obtenus, en modifiant seulement le prix de fermage de la terre, de l'impôt, etc. Mais comme ces résultats sont fort différents suivant les années et les circonstances, nous avons cru qu'il y.aurait quelque intérêt à présenter, à côté de nos chiffres, ceux obtenus par les expérimentateurs précités. De plus, ces évaluations ayant porté sur des années différentes et précisément sur celles où la spéculation a commencé à faire varier le cours des blés dans des proportions anormales, on pourra observer combien, à ce régime, l'ancienne stabilité du prix de fermage basée sur une moyenne de rendements et de prix de vente risque d'être ébranlée.

Prix de revient. — Froment (les chiffres se rapportent à l'hectare) : 1893. Terre argilo-calcaire, 2e catégorie à la matrice cadastrale.

Recettes :
90 double décalitres de grain = 18 hectolitres
  à 3 francs le double décalitre.............. 270f »
3.500 kil. de paille à 100 fr. (1) les 1000 kil. 350 »
                                    ____
                        Total........ 620f »

Dépenses :
Labours et hersages .... 75f »
Semences (blé gris de Saint-Laud)........... 30 »
Sulfatage................................. 1 »
Engrais chimiques (2)...................... 109 »
Épandage d'engrais et semences............. 10 »
Sarclage................................. 5 25

(1) Prix excessif dû à la sécheresse et à la disette des fourrages de cette année.

(2) 500 kil. superphosphate 14/16; 150 kil. nitrate de soude; 120 kil. sulfate de potasse.

Récolte.................................	25	»
Battage................................	20	»
Charrois...............................	10	»
Usure de l'outillage	20	»
Impôt.................................	8	»
Fermage...............................	50	»

Total........ 363^f25

Recettes .... 620^f »
Dépenses 363 25

Bénéfice........ 256^f75

N. B. — Une parcelle témoin, cultivée de la même façon mais sans engrais, a donné juste la moitié moins de grains et de paille et par suite ne donne que 55 fr. 75 de bénéfice, n'ayant en recette que 310 francs, contre 254 fr. 25 de dépenses.

1892. Bellefontaine (arrondissement de Cholet), terre silico-argileuse.

1) *Blé Saint-Laud* :

Recettes :

Grain..... 21 fr. les 100 kil. }
Paille..... 60 fr. les 1000 kil. { Mercuriale du 27 août.
Grain.................... 2.330 kil. }
Paille.................... 3.620 kil. } 706 fr. 50

Dépenses :

Semences................................	48^f	»
Fumier (1)...............................	120	»
Engrais chimiques........................	76	80
Main d'œuvre...........................	82	25
Fermage................................	70	»
Impôt..................................	8	15
Moisson et battage......................	43	»

Total........ 448^f20

(1) 20 m. c. à 6 fr.

$$\begin{aligned}
\text{Recette} &\dots\dots\dots\dots\dots & 706^f 50 \\
\text{Dépense} &\dots\dots\dots\dots\dots & 448\ \ 20 \\
\hline
\text{Bénéfice} &\dots\dots\dots & 258^f 30
\end{aligned}$$

2) *Blé Dattel :*

Semence....................................	$31^f 20$
Emblavure................................	$62\ \ 25$
Fermage et impôt..........................	$78\ \ 15$
Hersage, roulage, sarclage.................	$10\ \ »$
Moisson et battage........................	$43\ \ »$
Engrais chimiques, phosphate et chlorure de potassium................................	$155\ \ »$
Total........	$379^f 60$

3) Dépenses comme ci-dessus.............	$224^f 60$
Engrais : superphosphate..............	$37\ \ »$
	$261^f 60$

Recettes : grain. 1.920 kil.
paille. 2.930 kil. } 579^f »
Bénéfice....... $317^f 40$

4) Dépenses comme ci-desssus............	$224^f 60$
Engrais : 5oo kil. phospho-guano.......	$64\ \ 30$
Total........	$288^f 90$

Recettes : grain. 2.280 kil.
paille. 3.100 kil. } $670^f 80$

Recettes.................	$670^f 80$
Dépenses	$288\ \ 90$
Bénéfice........	$381^f 90$

5) Témoin sans engrais.
Grain......... 2.280 kil.
Paille......... 3.100 kil. } $468^f 99$
Bénéfice....... $244^f 39$

Il y a lieu d'observer, pour ce dernier rendement et son résultat, que la semence traitée sans engrais était mise en bonne terre, bien travaillée et bénéficiant de fumures antérieures.

1892. Résultats obtenus par le Duc de Plaisance, arrondissement de Cholet, La Jumellière.

Observation. — Ici, on a employé le semoir mécanique, d'où économie assez sensible sur la quantité de semence. Contenance 67 ares 29 centiares.

Recettes :

89 boisseaux à 4 fr. = ...	356ᶠ »
1.975 kil. de paille à 46 fr. = ...	70 »
Total........	426ᶠ »

Dépenses :

Labours..	23ᶠ »
Semailles......................................	11 »
Semence.......................................	18 »
Engrais : Scories.............................	23 »
Chlorure de potassium.......................	42 80
Sulfate de chaux.............................	3 »
Sulfate d'ammoniaque........................	54 40
Récolte et battage...........................	50 »
Fermage.......................................	46 90
Total........	272ᶠ 10

Recettes.................	426ᶠ »
Dépenses............	272 10
Bénéfice........	153ᶠ 90

Soit à l'hectare : grain. 26 hectolitres et 2 boisseaux,
paille. 2.947 kil.
et un bénéfice de 229 fr.

Ce dernier chiffre est bien près de celui qu'on a obtenu à Lué. Mais ce qui frappe le plus en examinant les données de la Jumellière, c'est le prix de vente du blé porté à 4 fr. le double décalitre. Or, en 1896, on a vu ce prix tomber à 2 fr. 60 et même 2 fr. 50 et la paille se vendait alors 40 fr. les 1.000 kil. Dans ces conditions, quelle culture de blé pouvait arriver à ne pas se solder en perte avec les frais toujours les mêmes et un prix de vente absolument dérisoire? Aussi fera-t-on sans aucune peine ressortir des chiffres ci-dessus et de toutes les études analogues qu'avec un rendement moyen, ne dépassant pas 18 hectolitres de grain à l'hectare, avec une quantité de paille proportionnée (3.500 kil. à 4.000 kil.), le prix de revient du double-décalitre de blé n'est pas inférieur à 3 fr., de sorte que le prix moyen de vente devrait être d'environ 3 fr. 50 à 4 fr.

Et que les économistes, libre-échangistes, cultivateurs en chambre et autres fumistes ne viennent pas nous dire : « Si le blé n'est pas rémunérateur, faites autre chose. » Cette insondable stupidité, qu'ils répètent imperturbablement, dénote leur profonde ignorance de ce qui constitue l'économie rurale et agricole de notre pays et rien de plus. En admettant même qu'un jour à venir la production du froment ne soit plus chez nous la base et l'étalon de toutes les autres, cette heure ne paraît pas près de sonner, et du reste les autres cultures — telle la vigne — donnent des résultats trop aléatoires pour pouvoir tabler dessus.

Prix de vente. — Ce qui contribue singulièrement à rendre ardu le problème agricole, ce sont les fluctuations de prix qui, sans cause apparente, font tout-à-coup hausser ou baisser les produits de la terre, comme certaines valeurs de bourse, de sorte que le cultivateur ne sait plus à quoi s'en tenir. Déjà fort gêné par la disparition de son vignoble, il voit le blé passer en moins de quatre années de 4 fr. le boisseau à 2 fr. 50, et cela sans que la variation du prix du pain ait été correspondante. Puis survient la mévente des porcs, telle qu'en 1896 on abandonnait les jeunes animaux sur les champs de foire plutôt que de les ramener à la ferme. Chacun commence à soupçonner que la spéculation judaïque n'est pas étrangère à ces perturbations ; mais, si nous souffrons de ce mal, nul ne nous indique le remède.

C'est à dessein que nous n'avons pas parlé du krack du bétail qui survint en 1893, parce que, cette fois, la cause était naturelle et apparente ; l'année ayant été excessivement sèche n'avait pas produit de fourrages et personne n'avait de silos de réserve. Mais ce qui nous préoccupe gravement, ce sont ces hausses et ces baisses soudaines dont l'origine ne peut être que factice, en tous cas suspecte, et qui viennent nous surprendre à l'improviste.

On vend les animaux sur pied et le plus souvent sans les peser, ce qui est une fâcheuse pratique, malgré la grande précision acquise avec l'habitude par les appréciateurs *à l'œil.*

Les fruits, pommes, poires, abricots, prunes, groseilles, cassis, noix, cormes, et les légumes, tels que oignons, carottes, etc., se vendent au poids, à la livre de 0 k. 500 ; les marrons, les haricots, les pommes de terre, au double décalitre comble, ou en détail à la mesure rase, ou à la manne, qui contient deux boisseaux. L'usage est d'ajouter 4 o/o dans les marchés en gros.

Les cerises se vendent à la hotte, du poids de 12 kil. 500 ;

La cire, le miel, la farine, le son, au poids ;

Les vins et cidres, à la barrique de 220 litres (1) et non logés ;

Les eaux-de-vie et vinaigres au litre, ainsi que le lait et l'huile ;

Le beurre à la livre ;

(1) Le quart contient une demi barrique.

Les œufs à la douzaine ;

Les grains de toute sorte, au poids ou au boisseau, qui doit peser, pour le blé 31 livres, et pour l'avoine 20 ;

Le foin et la paille, à la charretée de 1050 kil. ;

La bruyère, à la charretée, au tas ou à la superficie ;

Les plants arborescents ou légumineux, etc., au cent avec appoint de 4 o/o ;

Les cercles de châtaignier, à la *molle* de 24 cercles ou à la *fourniture*, qui comprend 20 molles ;

Les perches de châtaignier, au cent (104) ;

Le chanvre, transformé en filasse, au *poids* de 7 kil. ;

Le fumier, au mètre cube, 1 tombereau ;

Le bois de chauffage, à la corde de $1^m 50$ de haut sur $2^m 66$ de long et $0^m 90$ de large, cubant 3 stères 59 ;

Les fagots et bourrées, au cent (104) ; le fagot à deux harts doit avoir $0^m 90$ de circonférence et une hauteur de triques de $1^m 66$, la circonférence mesurée au lien le plus bas ;

La bourrée à un lien doit avoir $0^m 90$ de circonférence $1^m 33$ de triques.

La pierre, au mètre cube ou à la toise de 8 m. c.

Les mesures locales agraires sont : la boisselée de 6 ares 59, le quartier de vigne ou de pré de 2 boisselées et demie, le journal de 6 boisselées et l'arpent de 10 boisselées.

Voici quelques prix de vente à l'époque du 13 mars 1899 :

Froment : 3 fr. 20 à 3 fr. 30 le double-décalitre ;

Orge : 2 fr. 20 à 2 fr. 30 le double-décalitre ;

Avoine : 1 fr. 60 à 1 fr. 70 le double-décalitre ;

Pommes de terre : 0 fr. 90 à 1 fr. le double-décalitre ;

Châtaignes : 4 fr. à 5 fr. le double-décalitre ;

Noix : 18 fr. à 19 fr. les 50 kil. ;

Haricots : 5 fr. à 6 fr. le double-décalitre ;

Chènevis : 5 fr. à 5 fr. 50 le double-décalitre ;

Foin : 6o fr. à 65 fr. la charretée ;
Paille : 35 fr. à 4o fr. la charretée ;
Beurre : 1 fr. 10 à 1 fr. 20 le 1/2 kil. ;
Œufs : o fr. 6o à o fr. 7o la douzaine ;
Poulets : 4 fr. à 5 fr. la paire ;
Canards : 4 fr. à 4 fr. 5o la paire ;
Pigeons : 1 fr. 5o à 1 fr. 6o ;
Bœufs . 1 fr. 20 à 1 fr. 4o le kil. ⎞
Veau . . 1 fr. 6o à 2 fr. » le kil. ⎟ viande nette
Mouton. 1 fr. 6o à 2 fr. 4o le kil. ⎬ environ 5o o/o
Porc . . 1 fr. 8o à 2 fr. » le kil. ⎠ du poids vif
Vins rouges : 6o fr. ;
Vins blancs : 100 fr.

	Chêne	Sapin
Bois de corde (hannoche) . .	3o	18
— — (souches) . . .	20	»
— Fagots	5o	15
— Bourrées	15	12
— Façons :		
Corde	5	5
Fagots	7	5
Bourrées	5	5

Production. — La statistique agricole fournie annuelle-
ment à la Préfecture par la Mairie est le seul document
auquel il soit possible de recourir pour donner un aperçu
de la productivité. Mais il faut observer que les chiffres
qu'on y trouve sont plus ou moins sujets à caution. On
sait, en effet, comment sont remplis ces états, dont la
multiplicité fastidieuse contribue à rendre si pénibles les
fonctions municipales. D'habitude, les chiffres y sont inscrits avec une précision fort peu mathématique. De plus,
les gens de la campagne sont toujours portés à dissimuler
une partie de leur avoir, de crainte de voir augmenter les
charges déjà si lourdes qui pèsent sur eux, et il en résulte

que les données de la statistique doivent toujours être acceptées « *cum grano salis* ».

Mais d'abord il sera peut-être intéressant de faire connaître quelles sont les ressources présentées par la commune en cas de mobilisation et ces chiffres du moins méritent toute créance. C'est par eux que nous commençons.

Recensement des chevaux : il y a 5o chevaux déclarés; sur ce nombre, 24 sont susceptibles d'être classés.

Recensement des voitures attelées : il y a 28 voitures déclarées; sur ce nombre, 17 sont susceptibles d'être classées.

Logements pour les troupes (il n'en est jamais passé à Lué) : 22 chambres et 44 lits pour officiers; 122 lits pour troupe; 234 places pour chevaux; 45 places pour voitures.

Cantonnement : il pourrait être cantonné 1.415 hommes dans les maisons, établissements, écuries, bâtiments ou abris de toute nature.

OBSERVATION. — Les locaux libres et les approvisionnements en vivres sont très variables, suivant l'époque plus ou moins rapprochée des récoltes. Lué pourrait recevoir un bataillon ou un escadron.

Statistique agricole (Récolte de 1898)

PRINCIPALES PRODUCTIONS

DÉSIGNATION des CULTURES	SUPERFICIE cultivée en hectares	PRODUCTION totale		PRODUCTION moyenne		POIDS moyen de l'hectolit. de grain
		Grain hectolit.	Paille quintaux	Grain hectolit.	Paille quintaux	
Froment	120	720	540	6	5	75ᵏ » »
Méteil................	2	12	10	6	5	75 » »
Seigle................	1	6	5	6	5	75 » »
Orge	5	70	40	14	8	62 50
Avoine...............	20	280	140	14	7	50 » »
Maïs.................	»	»	»	»	»	» »
Millet...............	»	»	»	»	»	» »
Sarrazin	»	»	»	»	»	» »

CULTURES	SUPERFICIE par hectare	PRODUCTION totale de quintaux	PRODUCTION moyenne à l'hectare de quintaux	VALEURS Totale	au quintal
Pommes de terre.......	15	677.5	65.5	2032 5o	3
Betteraves à sucre	»	»	»	»	»
— fourragères ..	4	8oo.o	200.o	?	?
Trèfle.................	10	3oo.o	3o.o	3oo »	5
Luzerne................	4	120.o	3o.o	6oo »	5
Sainfoin...............	20	600.o	3o.o	3000 »	5
Légumineuses	»	»	»	»	»
Mélanges..............	»	»	»	»	»

OBSERVATION. — Nous avons copié textuellement cette statistique, dont les chiffres sont évidemment très approximatifs. On remarquera en particulier le rendement à l'hectare du blé, que nous estimons ailleurs à 18 hectolitres et qui n'est certainement pas inférieur à 10 ou 12 au minimum.

FOURRAGES ANNUELS	SURFACES cultivées	PRODUCTION de quintaux		VALEURS	
		totale	moyenne	totale	au quintal
Prairies temporaires : ray-grass ou autres graminées seules ou associées................	2	8oo	4oo	»	»
Prés naturels..........	3o	45o	15 à 20	18o	3

La statistique n'indique pas le maïs fourrager, et c'est à tort.

Plantes économiques (tabacs, houblons) : ne sont pas cultivées à Lué.

PLANTES TEXTILES	SUPER-FICIE	PRODUCTION		PRODUCTION à l'hectare		VALEUR totale		VALEUR au quintal	
		Filasse	Graine	Filasse	Grain	Filasse	Grain	Filasse	Grain
Chanvre....	2 »	10	8	5	4	100	240	70	3o
Lin........	o 5o	Cultivé seulement pour la graine, qui n'a pas été vendue.							

Plantes oléagineuses : Néant.

	SURFACE	CEPS à l'hectare	PRODUCTION totale	PRODUCTION à l'hectare	VALEUR totale	VALEUR de l'hectolit.
Vignes en rapport.	3o	6.ooo	21o h.	7	7.35o	35 »
Vignes plantées de l'année	4	6.ooo	»	»	»	» »

CULTURE FRUITIÈRE	PRODUCTION en quintaux	VALEUR totale	VALEUR du quintal	
Châtaignes.........	1o	2oo	2o	La production de
Noix..............	3o	6oo	2o	châtaignes nous
Pommes à cidre.....	4	1oo	25	semble exagérée.

Statistique du bétail (1902) :

Chevaux ou juments 4ı

Anes 1

Taureaux 3

Bœufs : de travail 36

— à l'engrais 8

Vaches : de travail 3o

— à l'engrais 6

— laitières 155

— pleines 45

Élèves d'un an et plus : mâles 15

— — femelles 3o

— — veaux de l'année 28

Porcs 17

Truies 18

Porcelets 115

IMPÔTS

Nous avons parlé assez longuement de l'assiette de l'impôt des contributions directes pour ne pas revenir sur ce sujet. Ajoutons seulement que la coutume règle comme suit la répartition entre le propriétaire et le colon dans le cas de fermage et de colonie partiaire :

Dans le bail à prix d'argent, la contribution foncière et extraordinaire reste, à moins de convention contraire, à la charge du propriétaire. Le fermier acquitte la contribution des portes et fenêtres et celle des prestations à dater du 1er janvier qui suit son entrée en jouissance.

Les mêmes contributions (foncière et extraordinaire) sont supportées par moitié en cas de métayage.

Le colon partiaire acquitte seul les prestations et la contribution des portes et fenêtres.

Les impôts des terres volantes restent à la charge des propriétaires.

Malgré l'administration économe de la municipalité et du Conseil général, la charge de l'impôt pèse assez lourdement sur les cultivateurs pour qu'ils fassent entendre des plaintes trop légitimes. Mais ce qui donne encore plus prise aux récriminations ce sont les taxes telles que la taxe militaire, les droits perçus pour les contributions indirectes et les vexations de l'inquisitoriale régie. La suppression de ce que l'on a appelé le privilège des bouilleurs de cru serait ici fort mal vue. Quant aux miracles que l'impôt sur le revenu devrait accomplir en faisant payer tout par les uns et rien par les autres, les gens de Lué ont trop de bon sens pour ne pas s'apercevoir que la première conséquence de ce système serait d'enlever aux journaliers et ouvriers une partie de leurs moyens d'existence, puisque les riches, plus lourdement taxés, seraient obligés de restreindre leurs dépenses et de faire moins travailler. Si jamais les idées socialistes parviennent à se loger dans d'autres têtes que dans celles de quelques-uns de ces déclassés comme on en voit malheureusement partout, ce ne sera qu'en mettant un faux nez, car la théorie tout crûment exposée, froisserait le sentiment intime de tous les petits et moyens propriétaires, fort peu portés au communisme de leur naturel. Ils accepteraient encore assez volontiers du bien de ceux qui possèdent plus qu'eux, mais ne se laisseraient pas dépouiller du leur avec la même mansuétude au profit de ceux qui ont moins.

ÉTAT DE PROSPÉRITÉ OU DE CRISE

Sans nulle hésitation possible, on doit conclure que tout concourt pour créer un état de crise à Lué comme ailleurs et la diminution de la population en est un signe indéniable. La destruction de la vigne en est un autre non moins certain, mais peut-être plus considérable. Tel petit propriétaire qui recueillait 900 à 1,000 francs de vin à l'hectare (prix brut) n'en tirera pas plus de 400 à 500 francs en le mettant en culture. Que lui restera-t-il de bénéfice, frais déduits ?

De plus, les besoins et les habitudes de bien-être, pour ne pas dire de luxe, ne cessent de s'accroître et les dépenses avec eux. Il en va de même sur ce point aux champs qu'à la ville. Et, si le prix du pain ne suit pas le cours du blé, comme l'affirment encore des économistes naïfs ou retors, contrairement à l'évidence, celui des domestiques, journaliers et des denrées de première nécessité, au lieu de diminuer en même temps que les revenus et dans la même progression, augmente. Il est vrai qu'avec de meilleures méthodes de culture on pourrait accroître les rendements ; mais il faudrait pour cela vaincre la terrible routine et ce n'est pas là l'œuvre d'un jour.

Si les capitaux n'avaient subi, eux aussi, une baisse notable de leur intérêt, on aurait vu se produire une dépréciation complète de la terre. Celle-ci n'en reste pas moins toujours l'objet du désir des vrais paysans, qui n'ont pas besoin de faire des études profondes pour se rendre compte que c'est toujours à elle qu'il faudra en revenir et sont, au fond, tout en ignorant ce barbare vocable, tout aussi *physiocrates* que Quesnay (1).

Les brusques variations dans les prix des produits agricoles et des matières premières nécessaires à l'agriculture — soufre, cuivre, charbon, etc. — sont un autre facteur de cet état de gêne et d'insécurité qui étreint de tous les côtés les ruraux. Mais ils tiennent bon quand même et le bon côté de cette crise sera peut-être de ramener aux champs les hommes de la classe soi-disant dirigeante qui les avaient trop délaissés. La faim, dit-on, chasse le loup du bois; puisse-t-elle faire sortir nos godelureaux des villes.

SYNDICATS AGRICOLES

Associations de diverses natures ; crédit, achat, vente, production. — L'esprit d'association est peu développé et il a fallu un certain temps pour amener les gens de Lué à entrer dans le Syndicat agricole d'Anjou, qui cependant peut, comme il en a déjà fait la preuve, rendre de réels services. Encore à présent nombre de petits cultivateurs ne se sont pas fait inscrire et il n'existe aucune autre société de crédit, d'achat, de vente ou de production. Sous l'influence des propriétaires, les tenanciers des principales fermes et quelques autres font partie du Syndicat et voici ce qu'un des châtelains avait imaginé pour faciliter dans la commune et même dans les communes voisines l'achat et l'emploi des engrais chimiques qu'il cherche à vulgariser dans l'intérêt général.

---

(1) Avec certaines idées très autoritaires fort loin du « *laissez faire, laissez passer* » et des convictions d'un autre âge. C'est ainsi qu'il y a des gens qui croient qu'on n'a pas le droit de *casser* un blé, de laisser une terre inculte et qu'un habitant s'étonnait que la Préfecture n'eût pas *donné l'ordre* de démolir un auvent attenant à l'église et que, lui, jugeait disgracieux.

Profitant de ce qu'il possédait des locaux assez vastes, il commandait au Syndicat les matières fertilisantes par wagons complets et les enmagasinait chez lui au moment où il savait que la culture en avait besoin. De cette façon, tout cultivateur syndiqué qui désirait se procurer un sac d'engrais n'avait qu'à venir le chercher à ce *dépôt libre* où il lui était immédiatement délivré, moyennant le paiement au comptant. Ainsi aucun embarras pour le Syndicat, qui ne connaît que le propriétaire acheteur ferme du wagon d'engrais, aucune comptabilité pour celui-ci à tenir et avantage pour le cultivateur d'avoir de la marchandise de premier choix qu'il obtient au prix du gros, quoiqu'il ne l'achète qu'en détail. Les restants en magasin étaient facilement absorbés pour la culture du faire-valoir du propriétaire du magasin, de sorte qu'il n'y avait jamais ni excédents, ni laissés pour compte. On trouvait à ce dépôt : superphosphate, chlorure de potassium, nitrate de soude, qui sont les sources d'acide phosphorique, de potasse et d'azote reconnus les plus efficaces dans la majeure partie des terrains de Lué. Mais il faut avouer que, si le superphosphate est très recherché, rares sont ceux qui se décident à acheter le chlorure de potassium ou le nitrate de soude. Pour nos cultivateurs, l'engrais chimique est toujours du « *guano* » et le sac le moins cher est le meilleur. C'est une erreur qui sera longue à déraciner et bien du temps s'écoulera peut-être avant qu'ils n'admettent que, de même que pour faire une bonne salade, il faut mélanger des doses différentes d'huile, de vinaigre, de sel et de poivre, quatre choses dont les prix au kilo sont bien différents, de même on n'obtient un engrais complet et parfait qu'en associant à l'acide phosphorique l'azote et la potasse.

On se montre d'ailleurs satisfait de cet emploi presque exclusif du superphosphate et le *dépôt libre* qui, à ses débuts, ne faisait venir par an qu'un wagon de 5o sacs, en faisait en dernier lieu venir cinq ou six pour la même période. On n'a pas eu recours à lui pour se procurer du soufre et du sulfate de cuivre, qu'il pouvait offrir dans les mêmes conditions, ainsi que le sulfate de fer, qui est si efficace comme démousseur de prairies.

Les petits marchands d'engrais, qui n'ont pas de raison d'exister, ne continuent que trop à rencontrer des acheteurs bénévoles surpayant des engrais à dosages problématiques, revendus de seconde ou troisième main. Mais, les clients sont alléchés par le bon marché apparent et surtout parce qu'on livre à crédit. Leur perspicacité est mise en défaut par leur méfiance, car ils ne peuvent s'imaginer que les intérêts de grands propriétaires ne sont pas différents des leurs et à admettre par exemple que l'organisateur du *dépôt libre* de Lué n'y avait aucun bénéfice personnel.

PRÉVOYANCE — ÉPARGNE

Sociétés de secours mutuels, de retraites, assurances. — Rien de semblable n'existe à Lué, et il faut bien dire que la localité est trop petite pour qu'aucune société de ce genre y ait son siège. Des gens connaissant à fond le pays affirment même qu'il n'y a pas lieu d'essayer d'y fonder une caisse rurale et, s'il y a quelques adhérents à des associations telles que des caisses de retraites d'anciens militaires, ce sont des unités clairsemées. L'épargne se cache soigneusement. On n'aime point à dire ses affaires au voisin et, si on a su réaliser quelques économies, on les porte à la caisse d'épargne ou on les emploie à des prêts hypothécaires ou même à des prêts sur simple billet à intérêts élevés (4 à 5 %); les notaires servent d'intermédiaires et grossoyent beaucoup pour inscriptions, radiations et transferts. De temps à autre, *l'épargniste*, malgré son esprit méfiant, se laisse entortiller et confie son magot à quelque faiseur qui lui a offert une affaire exceptionnelle. Plusieurs notaires voisins ont levé le pied dans le cours du dernier demi-siècle, emportant les économies de leurs naïfs clients. Mais rien n'y fait ; notre campagnard ne se livre pas aux personnes les plus dignes de sa confiance et ne sait pas acheter ce qu'on appelle des valeurs de tout repos.

L'habitude de s'assurer contre l'incendie est assez générale et nous avons dit qu'il y avait un courtier d'assurances dans la commune. L'usage est qu'en cette matière l'assurance des bâtiments reste à la charge du propriétaire en cas de colonie partiaire. Celle du mobilier, harnais, instruments aratoires du métayer est à la charge de celui-ci ; celle des bestiaux, grains, fourrages, etc. est supportée par moitié.

L'usage ne donne pas au propriétaire le droit d'exiger que le fermier à prix d'argent fasse assurer ses meubles, instruments aratoires, bestiaux et récoltes.

ASSISTANCE

Hospices, hôpitaux, crèches, assistance médicale, secours. — La loi sur l'assistance médicale gratuite est entrée en vigueur depuis plusieurs années. A Lué on a limité autant que possible le nombre des inscrits, afin de se ménager la possibité d'en faire bénéficier un plus grand nombre en cas d'urgence et surtout pour éviter les récriminations qui auraient pu se produire au sujet de l'inscription de tel plutôt que de tel autre, ou l'abus des inscriptions trop multiples, comme cela a pu être constaté dans des localités ou le tiers des habitants est inscrit. Il est du reste rare qu'on ait eu besoin jusqu'ici d'avoir recours à ses services et la dépense incombant de ce fait au budget est minime. La commune supporte sa quote-part de frais pour l'internement d'un aliéné indigent à Sainte-Gemmes. En prenant à sa charge les journées d'hospice, d'après le tarif établi par le Conseil général, elle peut faire admettre ses indigents aux hospices d'Angers, et on a vu qu'elle avait un lit fondé à l'hôpital de Baugé. Bien qu'il y ait peu de pauvres, les secours ne manquent pas et sont dus à la charité privée, la moins oréneuse, la moins paperassière et souvent la plus ingénieuse. Il serait fort utile qu'il existât une caisse à pansements et une boîte de médicaments simples, aucune pharmacie n'étant à promixité.

ÉTAT MORAL ET SOCIAL DE LA COMMUNE

Habitudes morales. Rapports entre les propriétaires et les ouvriers ou tenanciers. Bien-être ou malaise. Avenir de la commune. — La population de Lué est, en somme, sobre, laborieuse et d'une moralité supérieure à celle de plusieurs communes voisines. L'esprit y est indépendant, avec une pointe de gauloiserie de bon aloi. On y a de l'attachement pour les saines traditions du passé et cet attachement se manifeste par la façon dont l'opinion s'exprime dans toutes les élections. C'est à peine si une vingtaine de voix représente le groupe à idées avancées et encore est-il plus que probable qu'il n'est composé ni des plus honorables ni des plus intelligents. Les plus fortes têtes en seraient volontiers encore aux idées du Contrat social et des philosophes du XVIIIe siècle, dont quelque dilution est parvenue jusqu'à eux. Les gens de Lué n'aiment pas à être menés et cette indépendance relative est d'autant plus remarquable que le Baugeois se signale par son esprit de servilité vis-à-vis de tout ce qui représente le gouvernement établi. Cela ne date pas d'hier, car c'est sous l'Empire qu'un sous-préfet disait : « *Je ferais élire mon chien député, rien qu'en faisant savoir que c'est le candidat officiel* ». L'indépendance d'esprit qu'ont su conserver les habitants de Lué est donc tout à leur éloge et leurs convictions sont sincères, puisqu'ils les manifestent en sachant qu'ils n'ont pour l'instant rien à y gagner. La pratique religieuse est bien un peu négligée et l'indifférence habituelle, mais nul ne refuse le prêtre à l'heure de la mort et, comme il est facile de le constater, autre part aussi bien qu'ici, l'ignorance en matière de religion, qui est la cause de bien des négligences, s'allie volontiers avec la superstition et la croyance aux devins, sorciers et conjureurs. Ceux-ci sont plus consultés et leurs consultations plus suivies que nous ne pouvons le savoir, car on se cache pour recourir à eux. Si on ne se confie pas volontiers les uns aux autres, on dissimule encore bien plus aux personnes qui semblent appartenir à un état social au-dessus de celui de la moyenne.

Les relations entre propriétaires, fermiers et ouvriers, n'en sont pas moins faciles, cordiales même; mais, au milieu de tout, on sent facilement percer les réticences et pointer cette méfiance qui reste toujours au fond de l'esprit des gens et provient de ce que — bien à tort sans doute — mais irréductiblement, le paysan estime le bourgeois son ennemi-né. On a tant et tant dit de sottises sur les prêtres et sur les nobles que, suivant la maxime voltairienne, à force de mentir il en est resté quelque chose. N'a-t-on pas vu, en 1870, de pauvres gens s'en aller colportant que c'étaient les curés et les châtelains qui avaient fait venir les Prussiens et leur envoyaient de l'argent! On ne sait où pareilles fables éclosent, mais il se trouve toujours des niais ou des malveillants pour les accueillir et les propager. La simultanéité avec laquelle certains faux bruits éclatent doit faire écarter toute croyance à leur spontanéité. N'est-ce point ainsi qu'au début de la Révolution on vit par toute la France les populations se lever le même jour, sur un mot d'ordre lancé on ne sait d'où, et courir affolées à la rencontre de brigands imaginaires qui, disait-on, s'avançaient en coupant les blés !

Quel sera l'avenir? Il n'appartient à personne de le dire, tant les modifications sont brusques et imprévues à notre époque, malgré le calme apparent qui n'est peut-être que le précurseur d'orages.

Rien ne fait pourtant prévoir que l'état actuel de Lué soit appelé à se modifier beaucoup, car sa situation même et la nature de son sol s'opposent à ce qu'il y passe quelque voie de communication importante susceptible d'y amener le mouvement commercial. Son territoire ne contient et ne produit rien pouvant servir à l'établisssement d'une industrie quelconque et sa destinée semble devoir être de rester ce qu'il est, c'est-à-dire uniquement et exclusivement agricole. La production peut et doit y faire des progrès notables, tant par l'introduction des meilleurs procédés de culture, d'instruments perfectionnés, de semences et des bestiaux améliorés, que par la diffusion de l'emploi des agents de fertilisation. Si la reconstitution du vignoble réussit, il peut se faire que, dans quelques années, la crise actuellement traversée ait été conjurée.

Mais si elle vient à échouer, que les produits agricoles ne trouvent pas d'écoulement ou que l'avilissement des prix ne permette plus que de les obtenir à perte; si des charges nouvelles viennent s'ajouter au fardeau déjà excessif qui pèse sur l'agriculture; si enfin le goût du bien-être et du luxe continue à entraîner la jeunesse vers la ville, point n'est besoin d'être prophète pour affirmer que l'avenir sera la continuation et l'aggravation des temps malheureux où nous sommes et dont un des plus effrayants symptômes est, sans contredit, la dépopulation, Notre rôle n'est point de trouver à ces maux un remède. Il nous a suffi de les constater en y apportant tout le soin et toute l'impartialité dont nous étions capables.

CONCLUSION

Et maintenant, il resterait, pour être complet, à faire l'histoire ethnographique de la population, la faune et la flore de la commune et sa minéralogie; puis l'étude des traditions, légendes et superstitions locales, mais nous croyons qu'il y aurait peu à glaner sur ce dernier sujet; enfin une enquête sur l'état sanitaire et les maladies les plus fréquentes régnant parmi les habitants. Presque tous ces sujets ont été, à un point de vue plus général, traités dans des ouvrages consacrés à l'Anjou et Lué n'offrirait aucune particularité qui lui soit spéciale.

Contentons-nous, en terminant, de jeter un regard en arrière sur le chemin que nous venons de parcourir et concluons que, si tout n'est pas pour le mieux dans le meilleur des mondes, à Lué, il n'en serait pas moins désirable de voir la majorité des communes de France aussi laborieuses, aussi sages, aussi calmes et aussi raisonnables qu'on a su le rester en ce petit coin de terre, minime parcelle de la grande Patrie. Lué est-il en progrès? Oui, sur certains points, non, sur certains autres. Mais, au lieu de parler toujours de progrès, on pourrait, avec plus de profit, envisager les traces de décadence qui nous environnent de toutes parts, pour essayer d'y remédier.

Nous voulons pourtant espérer que le mal n'est pas incurable et que l'on n'aura pas à nous appliquer les expressions pessimistes du vieux poète latin :

> Ætas parentum, pejor avis, tulit
> Nos nequiores mox daturos
> Progeniem vitiosiorem.
>
> (HORACE)

DOCUMENTS CONSULTÉS

a) Archives du Département de Maine-et-Loire.

b)   —   de la Fabrique de Lué.

c)   —   de la Mairie de Lué.

d) Chartrier de la Perraudière.

e)   —   de la Tuffière.

f)   —   du château de Jarzé.

g)   —   du Châtelet, à Milon.

h) Recueil des usages locaux du canton de Seiches, 1847.

i)   —   —   —   —   1898.

j) État actuel de l'agriculture dans le Département de Maine-et-Loire, Millet, 1856.

k) Bulletin du Syndicat agricole d'Anjou.

l) Bulletin de la Société d'études scientifiques d'Angers.

m) Mémoires de la Société d'Agriculture, Sciences et Arts d'Angers, etc.

Une seule pièce a été relevée aux Archives nationales de Paris.

Le crieux de la Perraudière

Les bruits qu'on entend la nuit dans les campagnes sont propices à la formation des légendes, surtout quand ils ont quelque chose de bizarre et de mystérieux. C'est ainsi que les vols d'oies sauvages, mêlant de clameurs, semblables à des aboiements de chiens lointains, le bruissement de leurs ailes, ont été l'origine de la croyance à la *chasse* ou *menée Hennequin*.

A Lué, retentit quelquefois, dans les bois, un cri de nature très particulière et vraiment effrayant. C'est, disent ceux qui l'ont entendu, comme le râle d'une personne qu'on étranglerait et cela se termine par une sorte d'éclat de rire diabolique. Les amateurs du merveilleux ont trouvé de suite un nom pour désigner l'auteur nocturne de ce hurlement sinistre : c'est le *crieux* de la Perraudière. Quant à savoir ce que c'est que ce crieux, mystère ! On a voulu prétendre qu'il ne se manifestait que lorsque le Saint-Sacrement n'était pas à la chapelle du château ; mais il a été entendu dans des circonstances qui infirment radicalement cette opinion. Les sceptiques et ceux qui cherchent toujours au merveilleux des explications naturelles disent que ce sont tout simplement des cris de blaireau, animal plutôt taciturne, dans l'habitude de la vie. Cependant, un vieux garde disait : « Je connais le cri des blaireaux, mais ce n'est pas la même chose que celui du crieux de la Perraudière que j'ai aussi entendu. » Le plus grand nombre n'a pas connaissance du crieux et n'a jamais eu les oreilles frappées de ce bruit étrange. Mais, à défaut d'autre légende locale, celle-ci, tout embryonnaire qu'elle soit, nous a paru digne d'être notée.

Notes tirées des papiers de Mr Froger, de Mazé

La Préverie et *les Foucherais* (et non *les Four-cherais*), suivant l'orthographe officielle et défectueuse du cadastre, actuellement usitée par l'administration.

Le *14 septembre 1582*. Mathurin Sohier (ou Soyer) et Pierre Lucas rendent à Jarzé hommage de foi et hommage simple *par depié de fief*, pour la Préverie dont ils sont Seigneurs, à cause de leurs femmes Marguerite et Olive, les Savary. (Ils habitaient Cuon.)

14 juin 1657. Aveu par François Froger, notaire du Marquisat de Jarzé pour la Préverie, comme héritier de défunte Anne Collas, sa mère pour une moitié, l'autre moitié appartenant à Me François Le Gras, à cause de demoiselle Magdeleine de Ligny, son épouse « la maison couverte d'ardoise, sise au lieu de la Préverie, étant au bout de celle dudit Le Gras ». — Reçu par Pierre de la Marqueraye, écuyer, licencié en droit, Sénéchal du Marquisat de Jarzé. — Copie délivrée par Mazure. [En 1660, François Legras, notaire royal et Madeleine de Ligny habitent Jarzé]. Dans l'acte précité, Froger fait mention de « *son lieu de la Foucheraie* ».

1650. Bonne Auvain, veuve de Guillaume Collas, afferme à Isidore Quentin la Préverie, dont elle a hérité de son mari.

En 1595, on trouve Renée Doisseau, veuve de René Collas, « *en son vivant demeurant au lieu de la Galloysière en la paroisse de Lué* ». La Préverie était au droit de franc-fief.

15 mai 1759. Extrait de la remembrance des assises de la Châtelenie de Lué, membre dépendant du Marquisat de Jarzé :

Déclaration de Mᵉ René Bariller, avocat au Parlement, Seigneur de Chartrenay, y demeurant, conforme à la déclaration rendue à ladite châtellenie par demoiselle Anne Drouyneau, son aïeule, veuve de Louis Rousseau, le 4 mai 1703. Donné à Jarzé par Louis Authoine Aubry, avocat en Parlement et sièges royaux de Baugé, Sénéchal juge ordinaire, civil et criminel du Marquisat. — Copie délivrée par Mazure qui, en 1735, était Greffier du Marquisat de Jarzé et gardien des archives.

19 Germinal an VIII (9 avril 1800). — Bariller vend les Foucherais à Jean Froger père et Jean Froger fils. — Acte passé devant Guyot, notaire à Jarzé. — Ce Bariller est-il père de Bariller, maire de Trélazé, en 1821 ?

Un Bariller avait épousé une Rousseau. En 1783, il signe : Bariller de Bouchillon.

La Bourdigalle. — Une maison à chambre haute, à cheminée et grenier au-dessus, avec un lopin de jardin et usage aux aireaux et au puits; de la mouvance du fief de la Perraudière.

Les Milliers (1). — 1752. J. Marquet, procureur fiscal du fief et seigneurie des Milliers, « *qui s'étend dans les paroisses de Chaumont, Lué, Cornillé, Bauné, Corzé, Jarzé et autres circonvoisines* », assigne Renée Hüe, veuve Urbain Froger, aux assises féodales de la Perraudière.

La Perraudière. — Goussault avait affermé la Perraudière et Souvigné à M⁰ Le Gras et auparavant à Guillaume Collas, cautionné par Jehan Collas, Seigneur de Boisdurant. Ceci explique la naissance au logis seigneurial de la Perraudière, en 1633, d'une fille de Le Gras de la Marcasserie, dont Geneviève Fayet est marraine et Robert Goussault, Seigneur de la Roche, parrain. (V. 1ʳᵉ partie).

L'Egretterie (2) (et non *Les Gretteries*, comme au cadastre). — 1676. N. H. Mathurin Yver, écuyer « *l'un des gardes du corps du Roy* », et demoiselle Anne Falloux, sa femme, habitent leur maison de l'Egretterie, à Lué.

En est sieur : Messire René Rigault en 1694 (C. Port).

Acte notarié par lequel M. Yver et sa femme prennent à leur service René Chardon, homme de labeur, qui « s'oblige de servir à sa possibilité pendant sa vie ledit « sieur Yver et demoiselle Falloux ou le survivant de l'un « d'eux et pour eux travailler de sa force, sans pouvoir « faire travail, négoce, ni rendre service à autres per- « sonnes sans leur ordre et exprès consentement ».

En considération de quoi ses maîtres devront « le rete- « nir dans leur maison, le nourrir, coucher, reblanchir, « l'entretenir d'habits et de linge suivant sa condition, le « traiter et gouverner toutes fois que malade et en ce cas « le faire médicamenter ».

« S'il vient à les « *précéder* » ils s'obligent à le faire « inhumer et lui faire faire un service solennel de trois « grand'messes et, s'il leur survit, il aura la jouissance « d'une petite chambre en appentis et grenier au-dessus,

(1) Étaient réunis à la terre de Jarzé en 1479 (C. Port).
(2) Relevait de la cure de Cornillé (*id.*).

« couvert d'ardoises qui est au bout du grand pavillon et
« joignant le jardin du lieu de l'Egretterie, dans lequel
« jardin il pourra avoir usage et y prendre ses légumes
« potagers. Outre quoi ledit Chardon aura droit faire la
« cuisine et fournoyer et faire cuire son pain à la che-
« minée et four de la cuisine du lieu. Il aura en outre la
« jouissanee d'un morceau de terre de deux petits jour-
« naux, plus le droit de faire pacager et nourrir sur les
« terres de l'Egretterie une vache et sa suite, qu'il pourra
« mettre et retirer de jour et de nuit dans l'une des
« étables dudit lieu à son choix, le tout sa vie durant. »

Mlle Falloux ajoute une rente viagère de quinze livres
par an, « à prendre sur le plus beau et le meilleur de son
bien », le premier paiement de la première demi-année
commençant huit jours après le décès de ladite demoiselle,
ou huit jours après le décès du sieur Yver, au cas où
ladite demoiselle le « *précéderait* ».

— 1663. Citons encore le testament de Marie Toullon,
fille gîsant au lit, malade, qui donne la somme de soixante
livres à perpétuité, savoir :

Trente livres que lui doit Louis Barbot, plus soixante
sols qu'il lui doit aussi, plus une vache que ledit Barbot
a ès-mains, *dont elle ne doit avoir que la moitié*, plus
deux mères vaches avec leur suite, qui sont chez Pierre
Picquet, demeurant à Bauné. Plus deux mères vaches de
poil châtain et brun et deux veaux, l'un à poil châtain *(sic)*.

Item., une couette, *un traversier* et deux oreillers.

Item., un marchepied.

Item., un coffre en bois de noyer.

Plus un bahut.

Le tout légué au curé de Chaumont pour qu'après que
l'âme de son corps sera séparée son corps soit enterré
au cimetière de Lué proche ses parents et qu'il lui soit
dit trois grandes messes chantées, avec vigiles des morts
et pareil service à la huitaine.

Item., qu'il soit célébré en l'église de Lué une messe de *Requiem* pour le repos de son âme et pour celle de ses défunts père et mère, avec vigiles des morts.

Les Vieux-Rideaux. — Bail à moitié donné par Messire Testu de Pierrebasse à René Chardon (1631). — Échange de lopins de terrain avec François Allory, par le Président Serezin, Conseiller du Roy, Premier Président en l'élection d'Angers, Seigneur des Grand et Petit-Souvigné, demeurant paroisse Saint-Michel du Tertre, « *étant de présent en sa maison seigneuriale de Souvigné* » (sans doute le Petit-Souvigné).

— Anthoine Goussault et Marie Grangier, son épouse, vendeurs de la Perraudière à La Loyrie demeuraient à Paris, rue du Petit-Muscq.

— 1628. Aveu de N. de Carbonniers p^r la Maillardière, indiquant qu'une partie de champ dépendant de ce lieu a été annexée à la vigne et enclos de la Perraudière.

— Même indication dans un projet d'aveu pour René de Tourneux, Brigadier des Mousquetaires au xviiie. Il y est parlé du chemin nouveau, passant devant le portail de l'enclos. Ce portail est sur Milon.

Vente de biens nationaux. — 29 janvier 1791. La ferme de la Chapelle-Roullière de Lué, située paroisse de Chaumont, avec droit de passage par la cour des Eponaux pour l'exploitation d'une prairie de ladite ferme, laquelle consiste en terres labourables, prés et vignes, sans logement. On voit aussi écrit : La Chapelle *rouillée*.

1er nivôse an V. Terres dépendantes de la chapelle *Rouiller*, commune de Lué(1).

1er juillet 1791. Une pâture dépendant du temporel de la cure de Lué.

---

(1) Dans d'autres actes, les mêmes terres sont désignées comme mouvantes de la Chapelle-Rousselin.

Il est fait aussi mention de la chapelle Saint-Georges desservie en la chapelle de M. de Vaux.

29 avril 1791. Domaines ci-devant dépendants du temporel de la chapelle Saint-Jean, de Lué.

Le tout payé en assignats.

Il n'est qu'équitable de reconnaître que M. C. Port, que nous avons plusieurs fois trouvé en faute, avait raison, contre nous, en signalant l'existence d'une petite baie romane au pignon de l'église de Lué. Cette ouverture, dissimulée par un auvent, maintenant abattu, avait échappé à nos investigations.

Le langage à Lué

Nous ne croirions pas avoir donné la physionomie complète de la commune dont nous avons entrepris la monographie, si nous ne consacrions quelques lignes au langage et à la prononciation de ses habitants. Cette dernière a conservé une teinte archaïque et l'on prononce à Lué *oë* pour *oi* comme on faisait à la cour au xviie siècle. Ex. : La Loëre pour : La Loire. L'è devient a. Ex. : Ma *chare* Sœur pour ma chère Sœur, *Josaph* pour Joseph. — *A* bref au singulier devient â très ouvert au pluriel de certains mots comme : Un canard, des canârds ; *eau* final, donne le son de *o* dans : *tonique*. Le parler est chantant et sur une note assez élevée. Mais ce n'est pas un patois ; on y retrouve seulement une multitude de mots des auteurs anciens, tombés en désuétude, mais persistant dans une langue qui les conserve encore tels que nos écrivains des xvi et xviie siècles les ont employés, et avec le même sens. Des locutions usuelles ont une valeur et une saveur particulières. Nous en citerons quelques-unes et nous chercherons à préciser la signification des mots par des exemples. Évidemment, nous n'avons nullement la prétention d'avoir dressé un voca-

bulaire complet tel que celui que prépare pour l'Anjou
M. Verrier, professeur au Lycée d'Angers. Ce glossaire,
encore inédit, travail auquel ne manquera ni la compétence, ni la patience, ni surtout la conscience, sera pour
notre Anjou un précieux monument. Mais la liste que
nous avons recueillie, tout en ayant sans doute besoin
d'être complétée, pourra servir à donner un aperçu des
termes les plus généralement employés. Ils ont presque
tous leur justification dans le vieux parler français.
Nous ne suivrons pas l'ordre alphabétique dans le range-
ment des mots sous chaque lettre et nous devons avouer
que l'orthographe de plusieurs reste pour nous tout à fait
incertaine.

A

A matin = Ce matin.

Apure, f. = Endroit où l'eau suinte d'un champ.

Alfassier = terme de mépris ; v. herquenier.

Aider (s'en aider). — On ne peut s'en aider, se dit par
exemple d'un animal rétif dont on ne peut venir à bout.

Avoir la peine, locution à peu près synonyme de falloir.
Exemple : J'aurai la peine de faire ceci, pour : Il faudra
que je fasse ceci.

Annuit = Aujourd'hui, se trouve dans Montluc.

Affier = Anciennement, convenir à, xvie. Il a affié des
pommes de terre dans un champ (Rabelais) dans le
sens de : planter.

Affiement, m. = Les choses qu'on cultive dans les champs.

Affiquet, m. xvi[e] = Objets de toilette féminine avec le
même sens que fanfreluches.

Acimenter = Établir solidement.

Avanger = Avancer : Ex. : Il n'avange à rin (rien).
= servir à : « Faut pas pleurer, ça n'avange à rin. »

A c't'heure = Maintenant. Vieille locution qui revient
souvent dans la conversation.

Alogé = Abrité.

Ailleur? ou *prime* = Précoce. Ex. : Des cerises ailleures? (ou primes).

Arrière, loc. explet. souvent employée et d'un sens assez indéterminé.

Assotter = Vieilli, mais français. « Elle en était tout assottée ».

Achaler = Ennuyer. Ex. : Tu m'achales.

Abuter = Arriver au bout d'un sillon en labourant.

Abuloter = Mettre en tas (en bulots).

Assaisonner = Aoûter.

Ancreau, m. = Filet à poisson d'une certaine forme.

Achée, f. = Lombric ou ver de terre.

Acouer et *surcouer* = (Montaigne). Couper une vertèbre de la queue aux chevaux ou un muscle fléchisseur de la même partie.

Adirer = Égarer. Ex. : « Ce n'est pas là le chemin, vous nous adirez ».

A dire = Il y a bien de l'à dire (de la différence).

Amarer et *ramarer* = Serrer ou faire rentrer v. g. le bétail à l'étable.

Acouvé = Accroupi.

Amaliner = rendre malin ; méchant. Cette bête s'est amalinée.

Anille, f. = Manivelle.

Anvin, m. = Orvet.

Arrocher (s') = Se jeter sur ou contre. Ex. : s'arrocher après quelqu'un, et verbe actif : Arrocher des pierres à quelqu'un.

Arrée? ou *arrais?* f. = Orge qu'on donne aux porcelets ou aux porcs à l'engrais.

Avras m. = Vermine.

Assise = Pour asseyez. Ex. : « Assise-vous donc. »

Amuser = Dans le sens de muser.

Aigrasseau m. = Arbre sauvage (pommier ou poirier) non greffé ; ou mieux : *Égrasseau*.

Avette f. = Abeille.

Aspic ou *uspic* = Lavande. On dit encore de *l'huile d'aspic*, dans le langage correct, et l'on peut comparer à la fameuse phrase normande : Qu'a qu'al'a qu'a crie? — Al'a qu'al'a chu! Cette phrase recueillie à Lué : « *Madame, vout'uspic y s'pard.* » — Traduction : votre lavande se perd, c'est-à-dire est trop avancée bientôt pour pouvoir être utilisée.

Argancier = Églantier.

Aronce ou *éronce* = Ronce.

Ardrille = Argile.

Attapir et *s'attapir* = Se blottir, se mettre à l'abri.

Apparaissance = Apparence.

Accord (d') ou *en goût* = Être mal d'accord, mal en goût. Être indisposé physiquement.

Ameillante f. = Une vache ameillante, prête à faire veau.

Abre = Arbre

Asseoir la lessive, la buée (rac. de Buanderie).

Aroue (en) = De suite, immédiatement.

Assaut = Épreuve, maladie.

Amortissant = Fade, écœurant.

Alouser = Louer, flatter.

B

Bastant, loc. vieillie = Bien portant, de bonne mine.

Bouqueture ou *bouilleture* = Matelotte de poisson.

Banner = Pleurer. Étym. : Banyée (publication de Bans, que faisait un crieur).

Buée, f. = Lessive.

Berdin, berdasse, berdiner et *berdasser* = Qui perd son temps et jacasse.

Brandes ou *brondes* = Grandes bruyères (Erica scoparia).

Bique en coin (de) = Diagonalement. — *Faire bique* = s'équilibrer, se compenser.

Bignon = Source dans un champ.

Boëte, f. = Boisson. On dit aussi : « Il est boëte », il est ivre.

Boucault = Jeune bœuf.

Berneaux = Yeux.

Bernicles = Lunettes.

Bersiller = Cligner (des yeux).

Bardouler = Barbouiller. Terme de mépris : « Un méchant bardoulé ».

Breunner et *tiner* = Têter.

Broquetée = Fourchée, (de broc = fourche); d'où *broquer* = porter au bout d'un broc.

Busse = Barrique.

Bringée = Couleur de vache à poil roux mêlé de traits noirs.

Bicard = Petit domestique de ferme.

Bitrou = Homme laid et sale.

Bielle = Veste.

Bonhommes (les) = Gens. Ex. : Allez quérir les bonhommes.

Bourder = Arrêter.

Bourrier = Mauvaises herbes, balayures, fétu. Avoir un bourrier dans l'œil. *Serrer* le bourrier dans un champ.

Bousine = Vessie.

Boire, f. = Trou servant d'abreuvoir.

Ballière, *balin* = Sac rempli de balle d'avoine, sur quoi on couche les petits enfants.

Bicheté (vin) = Vin rouge, tiré en blanc, vin gris.

Brut = bruit « mener du brut = faire du bruit ».

Bouder = Flétrir, dessécher.

Benne, f. = herbe marécageuse.

Bran de scie = Sciure de bois.

Blé = Seigle. *Grain* = froment.

Boussacher = Bousculer, et gâcher.

Bulot = Tas.

Brime et *frime* = Brouillard et gelée.

Brimer = Flétrir.

Berdu = Champ en friche et couvert d'herbes folles.

Bouillée = Cepée (de bois) et groupe (de personnes). On dit aussi une bouillée ou bouée de pigeons, de perdrix.

Bobé = Idiot.

Beduau = Blaireau.

Berrouée = Pluie fine. « Ça berrouasse à-matin ». Faire une berrouée = S'ébrouer.

Bouri = Ane.

Boisselée = Mesure agraire.

Berruère = Bruyère.

Brossard = Chêne (espèce *quercus tauza*).

Biser = Embrasser (baiser).

Boitier = Qui travaille aux bois.

Burger (se) = Se blottir.

Brûlé = Très. Ex. : Les chevaux cette année sont brûlé chers.

Biche = Chevreuil.

Boucherée = Bouchée.

Berouette = Brouette. —Civière se dit aussi pour brouette.

Bestial = Bétail.

C

Cas = C'est peu de cas = peu de chose. *Être en le cas* = Être capable de.

Carcan = Rosse.

Chaire = Chaise (xvie).

Chéti = Chétif, mesquin, misérable.

Chatin = Débris de tuffeau. V. moche.

Chenard = Pierrailles qu'on trouve dans le sol.

Chouan et *choin* = Chat-huant.

Courre = Courir.

Clan = Porte à claire voie.

Charnier = Le vase où on conserve le lard (en bois ou terre).

Cherrue = Charrue.

Choreau = Enfant de chœur.

Cosses = Roches coquillières.

Colibert = Autre genre de pierres.

Cosser = Lutter avec la tête comme les bœufs. Ex. : « V'là deux viaux qui se cossent ».

Chopineau = Burette.

Chantier = Talus de fossé et aussi travail. « J'vas me mettre en chantier ».

Choppe = Blette. Ex. : Une poire choppe. — *Chopir* = mollir.

Chommer = Manquer de ; xvie : « On n'en chomme pas ».

Casson = xvie morceau de sucre on dit aussi « pierre de sucre » et aussi : Casson = débris de poterie.

Cuter (se) = Se cacher. — Jouer à « Cute » = à cache-cache.

Cotir = Sauter, éclabousser.

Chaffourer = Renvoyer, chasser vivement.

Charibaude = Feu de joie.

Coûton = Quignon (de pain).

Chârte = Charrette.

Castille = xvie. Dispute, et aussi groseille.

Chevau = Cheval. Ex. : « Le chevau est tombé ».

Choulière et *machoulière* = Champ de choux.

Combat = Peine. « Avoir bien du combat ».

Carte ou *quarte?* = Série ou période : « Une carte de beau temps ».

Cocombre, f. = Concombre.

Chanteau = Morceau de pain.

Charroyère et *charreyère* = Passage des charrettes dans les bois.

Charreyer = Charroyer.

Charrey = Charroi.

Chîner = Mendier. Ex. : « Les vagabonds vont chîner de ferme en ferme et demandent à coucher à l'*Hôtel du Bœuf*, c'est-à-dire à l'étable.

Chaîntre ou *cheintre* = Partie non cultivée le long des haies.

Coffir, coffissure = Écraser, plaie contuse, meurtrissure,

Confée = Consoude (*Delphinium consolida*).

Chêne = Chrysanthème.

Cochet = bon de la noix, intérieur du grain des céréales.

Caché = A l'abri : « Je le vois bien mal caché », se dit aussi d'un malade inquiétant.

Crouiller = Verrouiller. — *Crouillet* = Verrou.

Claver, Déclaver = Fermer à clé, ouvrir « La porte est déclavée ».

Cas = Être en le cas : « Je ne suis pas en le cas de » = pas capable de.

Curer = Nettoyer. « Va curer les bestiaux » = Va ôter le fumier de l'étable.

Canne, pétoire, et gilloire = Jouets faits d'un morceau de sureau, avec lequel les enfants lancent des balles de filasse ou de l'eau.

Cancher = Même sens que crouiller.

Courée = Partie interne (du porc).

Conrée = Courroie.

Courard = Jeune porc.

Crescent = Croissant (de la lune), et poussant ou profitant en parlant de plantes ou d'animaux.

Crêmet = Laitage fait avec la crème au moment où elle va tourner en beurre dans la baratte.

Crucher = Sauter sur et *décrucher* : Tomber.

Capot = Coiffe de femme.

Conjurer = Guérir un mal (par sortilège).

Conjureur = Sorcier.

Confondu = V. enfondu.

Cajiau = Porcelet.

Choir, chu = Qui est presque inusité maintenant est resté employé assez souvent à Lué.

Cordelle = Sorte de chiendent.

Cabrer = défoncer : « la voûte de la cave a cabré ».

Chérir = caresser : « il est bien chérissant ».

Calciner = durcir : « des pierres mises dans une ornière *se calcinent* par le passage des voitures ».

D

Devise = Jalon.

Dérincer = Arracher les souches et les racines en terre.

Deul = Deuil, chagrin : « Tu me fais bin du deul. »

Doler (se) = Se plaindre, se lamenter.

Devanteau = Tablier.

Déchâfrer = Déchirer, déchiqueter

Dégroler = Tomber de haut.

Dépiauter = Dépouiller, écorcher, ôter la peau.

Devaller et *Devallée*, f. = Descendre et descente.

Devirer et *à la Devire* = Renverser et sens dessus dessous.

Det = Doigt.

Doué ou *Douet* = Lavoir.

Doutance = Soupçon.

Douzil = Fausset (de barrique) ou plutôt trou du fausset.

Devenir = Dépérir.

Dessiper (se) = S'amuser.

Défublé = Déshabillé.

Droit (au) : se trouver au droit = Rencontrer. Mettre au droit = Atteindre en tirant.

Dégraduer = Dégrader.

Donnaison = Donation.

Douce (terre) = Terre légère et sablonneuse.

Décrouiller = Déverrouiller.

Dresser le linge = Le repasser.

Drouillard = Sorte de chêne de qualité inférieure *(quercus cerris)*.

Detelée = Une detelée est le travail qu'on fait en labourant sans dételer.

Daber = Ducir : Une forte pluie *dable* la terre qui est alors *cacée* c'est-à-dire encroûtée. — *Une Dabée* = Une forte averse.

Décancher = Aller vite en besogne et aussi : déboucher, désobstruer.

Divars et *Divers* = Turbulent, difficile de caractère.

Descendre = digérer.

E

Endret = Endroit.

Enflamber = Enflammer.

Enferger = Entraver au moyen de fers.

Étouper = Boucher. Ex. : Etouper la brèche d'une haie avec des bourrées d'épines.

Environ = Après, autour de : Ex. : « ils étaient tous environ lui ».

Encordé = Se dit d'un animal atteint d'ostéoclastie.

Écurieux = Écureuil, xv°.

Encancher = Boucher, embarrasser.

Érusser = Cueillir les feuilles des ormeaux : Érussage.

Encherrier = Forte toile de la forme d'un grand drap de lit.

Écabouir = Écraser.

Écot (de blé) = Champ moissonné dont les gerbes et le chaume ont été enlevés.

Égailler = Disperser. C'est le fameux commandement des Vendéens et des Chouans : Égaillez-vous les gars ! dont on a fait parfois, à tort : *Égayez-vous...* On dit aussi : *à l'Égaillée* = En désordre.

Égraver = Un animal est *égravé* quand il a le pied meurtri par la marche excessive.

Égrenots = Premières châtaignes tombées.

Élosser = Secouer, ébranler.

Émouver = Émouvoir et faire remuer.

Êmeiller (s') = Se tourmenter, s'inquiéter.

Encontre (à l') = à la rencontre et contre.

Évolailler = faire fuir comme des volailles effrayées.

Encaver = Enterrer.

En envouloir = En vouloir (à quelqu'un).

Ejarder = Écailler (le poisson).

Émeillé = Éveillé en parlant d'un enfant : Il a l'air bien
  émeillé. Et effrayé : Je m'en émeille.

Éparer (la lessive) = L'étendre pour le sécher.

Empulantir = Empuantir.

Endéver = Maugréer. Ex. : Les enfants font endêver les
  parents.

Écoipir = Écraser, écrabouiller.

Écu = On compte encore souvent par écus de 3 francs.

Échillettes = Clochettes qu'on sonne aux processions
  suivant un certain rythme et qui sont de deux tons
  différents. Leur usage disparaît.

Embourrer = Enterrer, ou couvrir (de vêtements).

Enrayer = Commencer (comme la charrue qui fait une
  raie, *un sillon*), s'emploie aussi, mais plus rarement,
  dans son sens usuel d'arrêter.

Emballe = Fanfaron, vantard.

Émouchet = Épervier.

Effouiller = Effeuiller : les choux, la vigne et aussi
  vendre des animaux sans être obligé d'en racheter.

Essef, m. = Rigole pratiquée dans un champ pour l'écoulement de l'eau.

Empesseler = Mettre des échalas (*paisseaux*).

Ensauver (s') = Se sauver, fuir.

Engourdeli et *Dégourdeli* = Engourdi, dégourdi.

Enfondu = Mouillé.

Enfolie, f. = Sorte de provin.

Essarer et Écarter = Couper les basses branches.

Écacher = Serrer avec les dents.

F

Fondis = Endrois bas et embroussaillé.

Force = « Il n'y a pas force » = Il n'y a pas obligation.

Fin = Tout à fait. Ex. : « C'est fin plein. »

Foutu, Fichu, Failli = Termes de mépris et sens vulgaire.

Funeau = Corde (de puits).

Frime = Gelée blanche.

Fiamber et *Fiambée* = Flamber et Flambée.

Fouée = Même sens. Ex. : Galette à la fouée = Pâte
cuite à la gueule du four.

Foleyer = Devenir fou ; dire des insanités.

Fripper = Manger à la dérobée.

Fillette = Petite bouteille.

Finer = Mener à bout, d'où ; *maufiner* = mal tourner.

Frère = Se dit pour beau-frère, et *sœur* pour belle-sœur.

Ferte = Bâton long et parfois ferré (XVIe).

Fade = Amer.

Fûter = Fatiguer, dégoûter. Ex. : « Je n'en veux plus,
j'en suis fûté. »

Feignant = Fainéant.

Fait : Ex. : « Il a emporté tout son fait » = Toutes ses
affaires, tout ce qui lui appartenait.

  Petit fait : « C'est un petit fait » = Un propre à
rien, un paresseux.

Fortuner = Réussir.

Filou = Trompeur et flatteur ; hypocrite.

Friquet = Écumoire.

Funérailles = Cérémonie. On dit d'un beau repas de
noces que c'étaient de grandes funérailles.

Flôpée = Volée de coups.

Fouin, m. = Fouine, putois, belette, etc.

Foussé = Fossé.

G

Grîcher = Grincer (des dents).

Godandard = Scie se manœuvrant à deux.

Gober = Recevoir (des coups). Ex. : « Tu vas gober ! »

Gîtrer (se) = Se gîter. *Gître* = Gîte.

Guigner = Regarder (vieilli) et convoîter.

Guerle = Tamis du greleur.

Goule, Goulée = Gueule, et ce que l'animal prend d'un coup dans sa gueule et figure : xvie Zon ! sur la goule au sagoin (Marot).

Guinche = Herbe graminée des bois avec laquelle on fait des paillasses et des jonchées.

Glacive (terre) = Forte et argileuse.

Guerti = Plein de, couvert de : « Il a la tête guertie de poux. »

Galvauder, Galvaudeux = Vagabonder, vagabond.

Gâter (de l'eau) = Uriner. *Gâter* = déborder.

Gorger = Biner à la charrue : Gorger des choux, des pataches.

Gavignole = Ribotte : Ex. : « Être en gavignole. »

Gandilleux = Embarrassant, « un cas gandilleux ».

Grapper = Grapiller.

Gorin = Porc et *gorineau* (diminutif) ou *gorichon*.

Guerouée = Bande nombreuse.

Grezillon = Grillon.

Guibet = Moucheron.

Galerne = Nord-Ouest.

Gars = Garçon.

Gouleyant = Appétissant, friand.

Grolle, f. = Corbeau (Rabelais).

Gadille = Petit oiseau tel que : rouge-gorge, accenteur mouchet, roitelet et troglodyte.

Guène et *guenoux* ou *guené* = Rosée, mouillé de rosée ou par les herbes humides.

Godet = Sorte d'écuelle emmanchée avec laquelle on prend l'eau potable dans le seau à ce destiné.

Gueruette = Espèce de charrue légère.

Grigne = Morceau de pain bénit plus gros que les autres.

Giller = jaillir.

H

Herquenier = Terme de mépris : vagabond, pillard, etc.

Huée = Cri, xvie.

Hart = Lien fait de branches tordues, xvie.

Hardi = Au moins (loc. explet.).

Haricoter = Disputer ou discuter longuement un marché pour lequel on tient à peu de chose. — *Haricotier* = chicaneur.

Hébéter = Ennuyer. Ex. : « Ça m'hébète. »

Hoton = L'enveloppe du grain de blé, d'avoine, etc.

Houâler = Crier (de douleur).

Hannoche = Bois propre au chauffage en étant fendu.

Hanter = Fréquenter ; surtout pour le gibier. Un terrier a l'air bien hanté quand on voit à son entrée des traces fraîches comme des crottes (*du Hant*).

Hergne = Hargneux. Ex. : V's avez-t-y pas moins l'air hergne !

Hirantaigne = Araignée.

I

Intéressant = Mot employé avec des significations particulières, telles qu'agréable, etc.

Igneau = Agneau. *Pied d'igneau* = Roupie pendant au nez.

Ivrer (s') = S'enivrer.

J

Jars = Courette devant les toits à porcs.

Jupper = Appeler en criant.

Jinguer = Jouer comme font les enfants, les petits animaux.

Joannet-te = Précoce en parlant de fruits, de récoltes, etc.

Jardrinier = Jardinier.

Journal = Mesure agraire.

Jonchée = Claie ou paillasson de jonc ou de guinche, pour faire égoutter les laitages.

Jaucoue, f. = La Presle, dont le nom vulgaire est queue de cheval (*ch'vau-coue*).

L

Lie = Cordage servant à lier les charretées de fourrage.

Lice = Haie, xvɪᵉ.

Liette = Tiroir, xvɪᵉ.

Luizarne = Luzerne.

Lacas = Pluie torrentielle. On dit aussi *Acas*.

Linceuls = Draps, xvɪᵉ.

Lessif, m. = Eau de lessive.

L'en l'ar (air) = Ce qui pousse sur le sol hors de terre.

Léard = Sorte de peuplier.

Languet = Pièce de porc fumé.

Là-loin = Là-bas.

Laiton = Cochon de lait.

Loire = Loutre.

Lignée = Génération « il y a trois lignées de lui à moi ».

Lunot = Mulot.

Lieurre = Lierre.

Lampart, m. = Langue fourchue des serpents.

M

Mes'hui = Désormais.

Macabri = Ciel chargé de cirrus.

Macre = Alourdi par les pluies : une terre *macre*.

Moucle = Moule, coquillage.

Millère = Bouillie de mil et de lait.

Megeyeur = Hongreur.

Moche = Débris de tuffeau.

Marraine = Femme.

Manière = « Une manière de ». Une sorte de...

Maussade = Gros. Ex. : « Un maussade lièvre ».

Mépriser = Dénigrer.

Mincée = Pâtée de pain, herbe hachée etc. par les canards.

Miscer = Mélanger en désordre, hacher menu.

Mêle = Merle et aussi nèfle.

Métive, *Métivier* = Moisson faite par des journaliers payés en nature. — Celui qui la fait. Il avait le septième boisseau pour salaire.

Mitan = Milieu xvie.

Mine (de) = Peu à peu, le malade s'en va de mine.

Malpeine (à) = A grand'peine.

Moas, *Moase* = Mauvais, se.

Moucher = Prendre la mouche : se dit des bestiaux.

Mouver = Remuer. « *Ça mouve* » = Ça remue.

Musser (se) = Se glisser à travers quelque obstacle.

Musse = Passage étroit des animaux.

Manque : « Il y en a bien de manque » = Il en manque beaucoup.

Mau = Mal; substantivement. « J'ai du mau. »

Miette (une) = Un peu. Ex. : « Si j'avais une miette de temps ».

Mariée = Treuil de pressoir ancien modèle.

Membre, f. = Membre m. Ex. : « Un cheval qui a de la membre » = Qui a de forts membres.

Merienne et *Meriennée* = Après-midi, sieste.

Mener (du bruit) = Faire du tapage.

Mouchouër = Mouchoir xvie.

Marabout = Homme laid.

Maie. = Huche.

Maufiner = Mal finir, ne pas réussir.

Mignon = Domestique, en parlant d'animaux. Ex. : « Des lapins mignons ».

Macabuler = Abîmer.

N

Nance = Anse et nasse.

Nettir = Nettoyer.

Nigeon = Qui ne fait pas grand'chose.

Nigeotter = Faire peu de chose.

Neyer = Noyer.

Navette = Sorte de pâtisserie en forme allongée.

Nourri, s. m. = Nature de la provende. Ex. : Ici le nourri est bon.

Niée = Nichée.

Nouzille = Noisette.

Nouet = Nœud de linge dans lequel on met quelque chose comme par exemple des boules de bleu pour la lessive. (Ambroise Paré.)

Noirette = Jeune noyer.

O

Ouigner = Crier comme font les petits chiens et aussi un chien battu.

O = Avec; xvie. « Tu vas aller o li » = Tu vas aller avec lui.

Ouailles = Moutons. Prononcez : une ouëille.

P

Paisseau = Échalas.

Point = Négation est plus volontiers employée que : pas.

Place = Sol d'une pièce. Ex. : « Balayez la place ».

Portière = Destinée à la reproduction. Ex. : « Une truie portière ».

Perrière = Carrière. Perreyeur = Carrier.

Pouiller (se) = Se vêtir.

Pistole = 10 francs.

Pied et *pouce* = Anciennes mesures encore usitées.

Pouline = Poulain femelle. Pouliche.

Prée, f. = Pré, m.

Puput, f. = Huppe (oiseau).

Pigner = Une porte qui crie sur ses gonds pigne ; et par extension, pleurnicher.

Pè, m. = Pis (de vache).

Parpaing = Champ en rectangle allongé.

Potation = Nourriture cuite pour les porcs.

Passe = Tique (de chien).

Pataches = Pommes de terre. *Un patachis* = Un champ de pommes de terre.

Panne = Grand baquet à lessive.

Pâton = Cataplasme.

Puron = Bouton de chaleur, petit furoncle.

Pâssis. = Reprise, terme de couturière.

Pergaler = Chasser : même sens que chaffourer.

Perjuter = Faire sortir le jus en pressant.

Presse = Armoire et foule.

Portoire = Baquet à vendange porté par 2 hommes. = Comporte.

Pire f. = Fressure.

Pardrix = Perdrix.

Pois = Haricot.

Poster = Chasser à coups de pierres.

Pâtis et *pâtisseau* = Pâture.

Profité = Il est bien profité. Se dit d'un enfant de bonne mine.

Pouits = Puits.

Pigriés = Balle de blé, d'avoine, et menus débris que laisse la machine à battre.

Prâ, f. = Rosse, mauvaise bête, ou femme. Terme injurieux.

Pecque, f. = bec. — *Pecquer* = donner des coups de bec.

Q

Quérir = Chercher (prononcer cri.) « Va donc bien vite le cri ».

Quémanter (se) = S'informer (ou *guémanter*) ?

Quant et *moi* (mé) = Avec moi xvie. Et non : *contre moi*.

Quillon = Objets dressés comme des quilles. Ex. : Une moyette de gerbes.

Quartiers = Morceaux ou tranches de fruits desséchés au soleil = Mesure agraire pour la vigne.

Quart = Une demi-barrique.

Queniot = Enfant.

R

Roumion, Roumionner = Respirer avec bruit comme lorsqu'on est enrhumé.

Rabourer = Labourer.

Rousine = Résine.

Rousée = Rosée xvie.

Raisant = Rosée, on dit aussi « le temps est *raisant* », frais et humide.

Rencherdir = Renchérir (pron. : *Renchardir*). « Je veux du renchard », une augmentation de gages.

Retirer (se) = Habiter.

Ramasser = Serrer, faire rentrer.

Rien (pron. rin) = Un petit rien ou un petit *qué* de quelque chose.

Riotteux = Querelleur xvie.

Rèze = Sillon.

Ramentevoir (se) = Se souvenir.

Rendoubier = Terme de mépris.

Ravirée = Grande quantité.

Renverser = Vomir.

Rallu = Dru, épais, vigoureux.

Roucher = Ronger et *Rouchet* = Os dégarni de viande.

Rayer = Ex. : Une rayée de soleil, coup de soleil entre deux averses.

Rudement ou *Roidement* = Très.

Ramarer = Rassembler.

Raissié (de) = Après-midi.

Rouches ou *Rouchats* (Amyot xvie) = Joncs et herbes de marais.

Racoin = Recoin.

Rayonner = Enterrer (facétieusement) ou disposer en rayons des plantes, dans la raie de charrue.

Russes = Plante nuisible. *Sinapis arvensis*.

Roder et *Rode* = Moisonner avec une sorte de faucille : dite : *Rode*.

Radresser = Redresser.

Rote, f. = Sentier.

Rabâter = Rabâcher et faire du bruit.

Recorder = Rappeler (se) ou encore réitérer.

Ruseriot = Animal nuisible tel que belette, putois, etc.

Revoyure (à la) = Au revoir.

Receper = Recevoir *(Recipere)*.

Raffût = Bruit, tapage.

Raison (avoir des) = Se disputer. — *Rendre raison* = Rendre compte.

Rillaux = Morceaux de porc cuits de la graisse de l'animal.

Rade (se mettre en) = Se mettre en colère.

Rare (c'est bin rare si) = C'est bien étonnant si (et râle).

Rhabiller = Raccommoder.

Runche = Rûche.

Religionnaire = Qui a de la religion.

Redevance = Aller à la redevance, à la rencontre.

Reporter = Ça y reporte bien = Ça y ressemble bien.

Racouet = Graminée *(alopecurus agrestis)*. Queue de rat (Rat-coue) même sens que le nom scientifique : Queue de renard.

Rustique = Fort, vigoureux.

S

Samille = Ramille.

Seigneurie = Surnom.

Sus-bout = Fut défoncé et mis debout.

Sacquer = Secouer brusquement (Rabelais).

Sus = Sur, xvie.

Sagoin = Sale, se dit d'un homme par mépris (Marot).

Serrer = Cueillir. Serrer des cerises, de la salade.

Soue (à gorins) = Toit à porcs.

Sucheton, m. = Sorte de couleuvre.

Soulaire, f. = Sud-Ouest.

Souris-chaude = Chauve-souris.

Subler = Siffler.

Sapins = Pins.

Sourd = La salamandre à taches jaunes.

Sâ = Sureau.

Souriçoire = Souricière.

Subtil = Agile.

Sus-bouter = Mettre debout.

Soui ou *Souillis.* = Balayures.

Soche = Souche.

Senblance et apparaissance = Vraisemblance et apparence.

T

Thèmer = Murmurer.

Tourniolant = Environ. « Il était trois heures tourniolant ».

Tracer = Aller et venir souvent par le même chemin.

Tabut = Tracas xvie.

Tors = Tordu xvie.

Taupines, f. = Topinambours.

Trouësse et *Truisse* = Émonde.

Train = Piste du gibier, empreinte du pied.

Tranche = Outil de bêcheur à fer large.

Tardivages = Cultures qui se font à l'arrière saison.

Trempe = Averse.

Tapon (à) = Même sens que Attapi, aussi *Tapon* pour Tampon (de linge).

Ternue = Sorte de graminée spontanée et nuisible.

Tertous = Tous xvi⁰.

Tantouiller = Plonger et agiter dans l'eau.

Têt = Toit.

Tour = Fois. Ex. : De ce tour = Cette fois-ci.

Treûler = Trôler.

Traversier = Traversin.

U

Uspic (V. Aspic).

Umeau = Ormeau.

V

Vas (je) = Plus employé que : je vais — « *Je m'en vais,
ou je m'en vas ; l'un et l'autre se dit, ou se disent.* »
[Dernières paroles d'un grammairien].

Vlin = Serpent (vipère).

Vlimeux = Venimeux.

Vouge = Serpe emmanchée, xvi⁰. (Voulge = arme
du xv⁰).

Vacque-à-tout = Domestique à tout faire.

Veille = Meule (de foin).

Veilloche = Diminutif du précédent.

Vérette = Variole.

Verder = S'agiter en allant de ci, de là, pour les choses
du ménage, et aussi : sauter.

Veyette = Petit sentier de piéton.

Voliche = Volige.

Viau = Veau.

Ventouse = Coup de vent.

Vart = Vert (exemple de *e* changé en *a*, ce qui se produit
fréquemment).

Vendition = Vente.

Y

Yèvre = Lièvre.

Locutions diverses

Il entend haut = Il est dur d'oreille.

« Le monde y disant comme çà que » = On dit que...

Tirer des coups = Sonner le glas.

Aller tout le bout le chemin = Aller tout le long du chemin.

Le sien, la sienne, pour : celui, celle. Ex. : « La sienne qui m'a dit ça, c'est Maîtresse une telle ».

J'étions, j'allions, j'avions, etc. = Nous étions, nous allions, nous avions, etc.

Je fais bien mon compte de faire çà = Je compte bien...

Ils étaient à l'arrivée de sept à huit = environ sept à huit.

« Hé ben! qué donc que vous voulez? » = Hé bien! quoi?

Y en a eu eun' dabée hiar la mériennée = Il a joliment plu hier l'après-midi.

Comme de bien entendu = Bien entendu.

C'est le plus méchant homme qu'il n'y aye point, pour : qu'il y ait.

Aller en place = Se gager comme domestique.

Manqué ou vantié? C'est manqué bien lui = C'est lui, je crois.

En pour = En échange.

Rin, ren en tout = Rien, rien du tout. Un fusil de tuerin (Turin).

Y aller de saut = Y aller brusquement; par à-coup:

Il sort de = Il vient de.

Il tombe des grains de pluie = Il tombe des gouttes de pluie.

Ouche, noue, varenne, cloteau, parpaing, dery, noms de champs signifiant : terre fertile contre la maison, grand champ plat, petit enclos, champ en rectangle allongé, champ près de la maison, etc.

Maître, Maîtresse un tel, se dit de gens établis et pour
ceux qui sont dans une situation inférieure et déjà âgés.
Le Père, la Mère un tel.

Planter un rosier = Faire des dettes.

Faire un grand récit de = Dire beaucoup de bien de... ;
vanter.

De première (expression superlative) = On dit d'un
objet : « Il est de première » (sous entendu *qualité*); et
aussi en parlant du bon résultat obtenu par un procédé :
« Ça fait de première ».

Les bœufs de labour portent les noms suivants :
*Cholet, Levraut (ou L'Avras?), Matelot (ou Matelas ?),
Farinet, Rougeaud, Paillard, Leveillé, Gadet, Noblet?,
Varlet (ou Harley?), Roset, etc.*